民族之魂

招贤纳士

陈志宏◎编著

延边大学出版社

图书在版编目（CIP）数据

招贤纳士 / 陈志宏编著 . —— 延吉 : 延边大学出版社 , 2018.4（2023.3 重印）

（民族之魂 / 姜永凯主编）

ISBN 978-7-5688-4493-2

Ⅰ . ①招… Ⅱ . ①陈… Ⅲ . ①品德教育—中国—青少年读物 Ⅳ . ① D432.62

中国版本图书馆 CIP 数据核字（2018）第 069505 号

招贤纳士

编　　著：陈志宏
丛 书 主 编：姜永凯
责 任 编 辑：孙淑芹
封 面 设 计：映像视觉
出 版 发 行：延边大学出版社
社　　址：吉林省延吉市公园路 977 号　　邮编：133002
网　　址：http://www.ydcbs.com　　E-mail：ydcbs@ydcbs.com
电　　话：0433-2732435　　传真：0433-2732434
发行部电话：0433-2732442　　传真：0433-2733056
印　　刷：三河市同力彩印有限公司
开　　本：640×920 毫米　　1/16
印　　张：8　　字数：90 千字
版　　次：2018 年 4 月第 1 版
印　　次：2023 年 3 月第 2 次印刷
ISBN 978-7-5688-4493-2

定价：38.00 元

人有灵魂，国有国魂；一个民族，也有民族魂。

鲁迅先生曾经说过："唯有民魂是值得宝贵的，唯有他发扬起来，中国才有真进步。"

鲁迅先生以笔代戈，战斗一生，曾被誉为"民族魂"。

民族魂，顾名思义，就是一个民族的灵魂！民族魂，是一个民族的精髓，体现了一种民族的精神，是一个民族生存和存在的精神支柱。

什么是中华民族的民族魂？那就是中华民族精神！它是中华民族凝聚力的理念核心，是中华文明传承的基因。它包含热烈而坚定的爱国情感，对生活的美好愿望和追求，为目标努力奋斗的拼搏毅力，为正义事业不惜牺牲自己的精神，以及正确的人生观和价值观。

前 言

翻开浩瀚的中国历史长卷，我们可以看到数不胜数的，体现民族精神和民族魂的英雄人物和可歌可泣的感人故事。

民族魂，不仅体现在爱国主义精神和行动中，而且体现在各个领域自强不息的民族奋斗中。而中华民族精神的力量，更是深深植根于延绵几千年的传统文化之中，始终是维系中华各族人民共同生活的纽带，是支撑中华民族生存和发展的精神支柱，是不断推动中华民族前进的强大动力。

民族魂体现在"重大义，轻生死"的生死观中；民族魂体现在"国家兴亡，匹夫有责"的使命感中；民族魂体现在"我以我血荐轩辕"的大无畏精神中；民族魂体现在将国家利益置于最高的爱国情怀中！

　　纵观中华五千年文明史，曾经有多少杰出的政治家、军事家、思想家、文学家、科学家、艺术家；曾经有多少忧国忧民、鞠躬尽瘁的仁人志士；曾经有多少抗击外敌、英勇献身的民族英雄。他们或顺应历史潮流，积极改革弊政，励精图治，治国安邦，施利于民；或为人类进步而不断进行着农业、工业、科技、社会等各种创新；或开发和改造河山，不断创造着灿烂的中华文明；或英勇反击外来侵略，捍卫着国家主权和民族尊严；或坚决反对民族分裂，维护国家的统一……他们从不同的侧面，体现了中华民族的民族魂，谱写了几千年中华文明的壮丽诗篇，铸造了中华民族高尚而坚不可摧的"民族之魂"。

　　民族魂，就是爱国魂。从屈原在汨罗江边高唱的《离骚》，到文天祥大义凛然赴死前的"人生自古谁无死，留取丹心照汗青"的诗句；从岳飞的岳家军抗击入侵金兵，到郑成功收复台湾；从血雨腥风的鸦片战争，到硝烟弥漫的十四年抗战，再到抗美援朝的隆隆炮声……哪个为国捐躯的英雄不是可歌可泣的？

　　民族魂，就是奋斗魂。从勾践卧薪尝胆，到司马迁秉笔直书巨著《史记》；从鉴真东渡传播佛法终在第六次成功，到詹天佑自力更生建铁路；从袁隆平百次实验成为"水稻之父"，到屠呦呦的青蒿素获得诺贝尔奖……哪个不是历经艰难，最终取得成功？

　　民族魂，就是改革献身魂。从管仲改革到商鞅变法；从王安石变法到百日维新……哪次变法图强不是要冲破旧势力的阻挠，或流血牺牲？

民族魂，就是创新魂。古有毕昇发明活字印刷，今有王选计算机照排；古有指南针、造纸术、火药、浑天仪、地动仪的发明，今有神舟号的相继飞天……哪个不是中华民族的智慧结晶？

自古以来，多少仁人志士为了维护人格的尊严和民族气节，以生命为代价！留下了"玉可碎不可污其白，竹可断不可毁其节"的称颂；有多少英雄豪杰，为理想和事业奋斗，面对死亡的威胁，大义凛然；有多少爱国壮士面对侵犯祖国的列强，挺身而出而献出生命。

伟大的中华民族孕育了五千年的辉煌，五千年的历史留下了璀璨的中华文明。

前 言

中国人的血脉流淌着顽强不屈的精神！我们的先辈用血汗和生命铸就了不朽的中华民族魂！换得如今中华大地的一片祥和安宁，换得我们现在的幸福生活。如今，我们要实现习近平主席提出的中国梦，依然需要我们秉承祖辈留下的这种"民族魂"。

青少年是国家的希望，亦是民族的未来。因此，爱国主义教育和励志图强教育要从青少年开始。为了增强对青少年的民族精魂和志向教育，我们精心编写了本套丛书——《民族之魂》丛书。

本套丛书将我国有史以来体现民族精神和民族魂的典型事迹，以通俗易懂的语言故事形式展现出来，适合青少年的阅读水平和欣赏角度。书中提供的人物和事件等故事，涉及社会的各个方面，有利于青少年学习和理解，使读者能全方位地领悟中华民族精神。

为了帮助读者更好地理解和吸收故事的精神，编者在每篇故事后还给出了"心灵感悟"，旨在使故事更能贴近现实社会，让读者结合自身的需要学习领会，引发读者更深入的思考。

希望读者们可以从本套图书中获得教益，通过阅读，真正体会到中华民族之魂所在，同时能汲取其精华，不断提升自己各方面的素质和品格，为祖国新时代的建设和发展做出努力。

全套丛书分类编排，内容详尽，风格独具，是广大读者尤其是青少年爱国励志教育的优秀阅读材料。相信本套丛书一定可以成为青少年朋友的良师益友。

民族之魂

导言

　　墨子曾说："是故，国有贤良之士众，则国家之治厚；贤良之士寡，则国家之治薄。故大人之务，将在于众贤而已。"古往今来，那些杰出的政治家无不渴望贤才的辅佐。他们深知国家兴旺、事业成功的关键在于大量人才的合力共助。无论是别人举荐的人才，还是自己发现的人才，英明的领导者总是以谦逊之礼、敬重之心相待。获得人才与正确任用人才同等重要。在任用贤才的时候，英明的领导者善于度德量才，将他们放在最适合的职位上，予以最充分的信任，放手让他们施展自己的才华，最终赢得了国家的长治久安和事业的兴旺发达。历史事实也一再证明，人才是事业之本，正确使用人才是事业成功的必然选择。在中华民族的历史长河中，那些为国家、为民族、为各项事业作出杰出贡献的人们就像一颗颗璀璨的明星，永远闪耀着光芒。

　　在纷繁复杂的社会生活中，每个人都有不同的个性特征，每个人的特殊才能和技巧不仅不会总是显现在外，而且每个人潜在的能力有时连自己也不能发现。那么，社会所需要的各方面的人才怎样才能脱颖而出呢？这固然需要有才能的人勇于展示自我，但也更需要拥有一双慧眼，成为能够识别"千里马"的"伯乐"。历史上无数事实证明，那些能够识别"千里马"的"伯乐",在推贤举能、成就大事方面起到了非常大的作用。无论他们是身处高位还是暂处低谷不得志,都将选才、荐才当成重要的事情。他们多数为长者,有着丰富的人生经验和敏锐的眼光。在长期的生活经历中,他们阅人无数,练就了一双慧眼,善于观察,有识人之明,更有举人之德。为了让人才能发挥自己的作用,为社会做出一番成就,他们努力举荐人才,使人才得到重用,使人尽其才。有时候,主事之人并不一定会欣然接受和重用所荐之人,这些"伯乐"便不畏艰难,以大局为重,一而再、再而三地举荐,令人感慨不已。

"伯乐"发现人才极为重要,主事之人任用人才更为重要。发现人才、任用人才,能显示一个领导者的眼力和修养;而宽容曾与自己为敌的人,化敌为友,让曾经的敌人为己所用,共同成就一番事业,更能体现一个领导者的胸怀和大德。历史上,那些杰出的领导者不但珍惜、善用己方的人才,对于敌方阵营的有才之人,他们同样怀着珍惜之心。他们不计前嫌,以坦荡的胸怀接纳并重用曾经的敌手,甚至是仇敌。这样的胸怀和美德更令人尊重,更值得后人学习。

当今社会的飞速发展，给每一个人提供了展示自我、成就事业的机会。作为社会中的一员，我们既要努力学习，掌握更多的知识和技能，勇于展现自我，又要善于发现人才、珍惜人才、爱护人才，以选贤举能为人生之乐事。只有人尽其才、物尽其用，我们的祖国建设才会取得更大的成就。

目录
CONTENTS

第一篇

为国大义荐贤能

秦穆公重用百里奚

百里奚（约公元前725—前621），姜姓，百里氏，名奚，也称百里侯、百里子。春秋时著名政治家，秦穆公的贤臣。世人称其为五羖大夫，名将孟明视即百里视之父。百里奚是虞国（今山西平陆北）人，一说楚国宛城（今河南南阳）人，姜姓井伯之后。《东周列国志》《左传》《史记》等著作中都有大量关于他的记载。

春秋时期的著名政治家百里奚曾经沦为奴隶，秦穆公赎回百里奚只用了五张羊皮，所以人们称百里奚为"五羖大夫"（"羖"本意为黑色公羊，在这里指羊皮）。

百里奚原是虞国人，家境贫寒，虽然学识渊博，志向宏大，却一直没有机会施展才智。在长期的流浪生活中，他增长了才干，磨砺了意志，结识了一些朋友。其中有一个朋友名叫蹇叔，是个贤人，两人很谈得来，经常在一起谈论时局大事。经虞国大夫宫之奇的介绍，百里奚做了虞国的大夫。

但蹇叔认为虞国国君难成大器，劝百里奚不要留在虞国，可百里奚不听。后来虞国果然被晋国灭掉，百里奚也成了晋国的阶下囚。晋国国君献公本想重用百里奚，但百里奚宁可做奴仆也不愿做晋国的官。适逢秦晋结亲，秦穆公娶了晋献公的女儿，晋献公就把百里奚作为女儿的陪嫁奴仆送给了秦穆公。可是百里奚半路逃走了，但却被楚国边民抓住，让他干养牛、喂马等杂活。

秦穆公发现陪嫁礼单上有百里奚的名字，却没见着人，就向公子絷问百里奚的为人。公子絷说："他是虞国人，一个不肯做晋国官的亡国大夫。"

秦穆公又转过头去问公子枝，公子枝说："他是一个很有才能的人，可惜怀才不遇，无用武之地。"

秦穆公得知百里奚是个人才后，就命人寻找他的下落。当得知他在楚国时，就准备用贵重的礼物送给楚王，换回百里奚。他和公子枝等人商量，公子枝急忙阻止说："千万使不得，现在楚国还不知道百里奚是什么样的人。您这样做正说明他很重要，楚王就不会放他回来了。"

"那你们看怎么办好呢？"秦穆公着急地问。经过一番商议之后，他们决定按当时一般奴隶的身价，用五张羊皮去换百里奚。楚国人不知底细，就爽快地把百里奚装进囚车，送给了秦国。

百里奚的囚车到达秦国时，秦穆公和公子枝等早已在途中迎候了。秦穆公亲自打开囚车，扶他下来，又请他上了自己的马车，坐到正位，一同回到都城。秦穆公把百里奚奉为上宾，摆宴为他接风洗尘，请教其治国之策。百里奚谦逊地说："卑臣只是一个亡国的奴才，不懂什么道理，不值得您这样器重。"

秦穆公和颜悦色地说："这都是虞君的过错。他既不能让你发挥才能，又不听你的劝告，所以才落得亡国的下场。你是一位贤人，不要过于谦虚。"

这一番话感动得百里奚老泪纵横。他说："我70多岁了，是老了点，不过，那要看做什么事了。如果让我去追赶飞鸟，或者捕捉猛兽，那确实是老了；如果让我为国出谋划策，那还正是时候呢！"他滔滔不绝地与秦穆公讲起了治国安邦的道理，一连讲了三天，使秦穆公心悦诚服。秦穆公懂得了许多道理，觉得遇到了一个难得的人才，就想拜百里奚为相国。但百里奚坚决不肯接受，他说："我算不了什么，真正能治国的人是我的老朋友蹇叔，我的本事和才华远远比不上他。他的才能你们都还不知道，他曾多次使我免除灾祸。像他那样有远见和才能的人，真的是不可多得的，您还是请他来吧！如果他不来，我也不愿一个人留在这里。"

秦穆公听说还有比百里奚更高明的人才，急忙派公子絷去蹇叔隐居的地方，请他出山。

公子絷找到了蹇叔。蹇叔却认为，要是秦穆公真能任用贤人的话，一个百里奚已足够了，于是竭力举荐百里奚。公子絷忙说："百里奚大夫说过，如果您不去秦国，他也不愿一个人留在那里。"蹇叔听了，只好跟着公子絷到秦国。

到了秦国，秦穆公向蹇叔请教治国图霸业的良计。听着蹇叔侃侃而谈，秦穆公觉得有理极了，真是相见恨晚，不由得连声道："我得百里奚和蹇叔，如同又增左右臂。"第二天，他就拜百里奚为左相，蹇叔为右相。在他们的辅佐下，秦穆公发展生产，训练军队，吞并了周围的小国，使秦国迅速富强起来，从而奠定了秦国统一中国的基础。百里奚和蹇叔两人互相谦让、推荐让贤的事迹也传颂开来，成为千古美谈。

■ 故事感悟

尚贤任能是所有明主的特点。在故事中，秦穆公以人才为重，从善如流，得到了贤士百里奚。而百里奚受到重用后不沾沾自喜，虚心推荐了朋友蹇叔。几位主人公以国事为重、为国选贤的美德令人赞叹。

■史海撷英

泛舟之役

春秋时期，秦国和晋国曾发生矛盾。公元前648年，晋国遭受了严重的自然灾害。百里奚说："福祸各有轮替。我们应该借粮给晋国。再说我国借粮给晋国，也不是给晋国国君一个人，而是为了晋国的黎民。"于是，秦穆公同意通过水道运送大量粟米给晋国。这次人道主义的义举征服了晋国的人心，史称"泛舟之役"。

■文苑拾萃

鞠歌行

（唐）李白

玉不自言如桃李，鱼目笑之卞和耻。
楚国青蝇何太多，连城白璧遭谗毁。
荆山长号泣血人，忠臣死为刖足鬼。
听曲知宁戚，夷吾因小妻。
秦穆五羊皮，买死百里奚。
洗拂青云上，当时贱如泥。
朝歌鼓刀叟，虎变磻溪中。
一举钓六合，遂荒营丘东。
平生渭水曲，谁识此老翁。
奈何今之人，双目送飞鸿。

伍子胥力荐孙武

伍子胥（公元前559—前484），名员，字子胥。春秋末期吴国大夫、军事家、谋略家。伍子胥本为楚国人，因父、兄为楚平王所杀，被迫出逃楚国，发誓必倾覆楚国，以报杀亲之仇。周敬王十四年（公元前506年），伍子胥与孙武等辅佐阖闾统领大军沿淮水西进，由楚国防备薄弱的东北部实施大纵深战略突袭，直捣楚国腹地，以灵活机动的战法，击败楚军主力于柏举（今湖北麻城东北，一说今汉川北），并展开追击，长驱攻入楚都郢（今江陵西北），终成破楚之功。后吴越争霸，吴王夫差不听伍子胥灭越之谏，反逼伍子胥自杀，一代将星就此陨落。

伍子胥本是楚国人，他的父亲伍奢得罪了楚平王，惨遭灭门之祸。伍奢与大儿子伍尚被楚平王杀死，伍子胥侥幸逃了出来。他先是去了宋国，后来又逃到郑国。吴王僚五年（公元前522年），他几经辗转跋涉，终于来到吴国。不久，他被吴王僚的堂兄、已逝国君吴王诸樊的公子光（即阖闾）发现，投到公子光门下。就在伍子胥退耕于野、为公子光寻找勇士谋夺王位的日子里，他结识了孙武。

孙武出生于齐国，后来也来到吴国。

孙武和伍子胥都来自异国他乡，共同的理想和抱负令他们很快就成了知心朋友。两人经常在一起，或谈论天下大事，或切磋武艺，或饮酒对弈。在坦诚的交谈中，伍子胥发现孙武是一位兵学造诣很深的人，是一位可以帮助他报仇雪恨和成就吴国霸业的将才；孙武也觉得伍子胥是一位具有雄才大略的人，是值得信赖、可以合作共事的兄长。两人的友谊越来越深厚了。

吴王僚十二年（公元前515年），公子光在伍子胥的帮助下，经过精心策划，趁吴王僚的两个兄弟掩馀、烛庸率军在外的机会，设下圈套，诱骗吴王僚到自己家中，派专诸刺死了吴王僚。随后，公子光登临王位，就是吴王阖闾。

吴王阖闾即位后，实行了一系列的改革措施。他接受伍子胥"立城郭，设守备，实仓廪，治兵库"的建议，修筑阖闾大城（即今苏州城），兴修水利，发展农桑，加强军备。他还礼贤下士，体恤百姓，不贪美味，不听淫乐，因而大得民心，吴国呈现出一派欣欣向荣的景象。

阖闾三年（公元前512年），吴国国内稳定，仓廪充足，军队精悍。吴王阖闾心中涌动着向西攻伐楚国进而称霸天下的打算，但一时又拿不定主意。伍子胥因急于要报楚平王诛杀父兄之仇，所以他多次毛遂自荐，表示可以担当伐楚重任。而阖闾担心伍子胥积极主张伐楚是出于个人动机，这样难免会坏事。

伍子胥明白阖闾的心思后，想到此时此刻正是引荐好朋友孙武的机会呀！于是，伍子胥趁与吴王阖闾谈论用兵之道的机会，向阖闾推荐了孙武。

起初，阖闾并不在意，也没有表态，因为在此之前他还从来没听人说起过孙武这个人。伍子胥坚持不懈，瞄准机会，一而再、再而三地向阖闾推荐孙武。他向阖闾介绍孙武的家世、人品和才干，称赞孙武是个文能安邦、武能定国的盖世奇才。伍子胥反复推荐了7次，阖闾得知孙武精通兵法，不禁动了心，决定与孙武会面。

当伍子胥骑着高头大马，身着朝服，来到穹窿山茅蓬坞请孙武出山时，已在吴国隐居多年的孙武知道这是一次非同寻常的机会。于是，他带上自己多年来心血和汗水的结晶——《孙子兵法》13篇，欣然跟随伍子胥出山。

阖闾在伍子胥的陪同下，亲自到孙武下榻歇息的馆舍登门造访，表现出礼贤下士、求贤若渴的不凡气度。

阖闾是一位立志图霸、富有改革创新精神的君主。孙武对时局的剖析，正好说到他的心里。孙武还郑重地向吴王阖闾献上了自己的兵法13篇。阖闾读罢，暗自惊叹：孙武的确是一位难得的贤士良将！吴国有此人为将，图强争霸的目标就一定能够实现。

吴王阖闾连夜召伍子胥商定，明日早朝约见孙武。伍子胥受命后，赶紧赴孙武下榻歇息的馆舍，向孙武祝贺，并宣读了吴王的圣旨。

第二天，吴王阖闾早朝，正式召见孙武。阖闾对孙武的兵法大加赞扬，又说："不知先生可不可以试试练兵呢？"

孙武说："可以。"

阖闾有意给孙武出了一道难题。他问："可不可以用妇人女子来试试呢？"

孙武非常肯定地回答："完全可以。"

于是，阖闾下令将宫中180名宫女交给孙武去演练。孙武把宫女分为左右两队，指定吴王最为宠爱的两位美姬为左右队长，让她们带领宫女进行操练。

这班宫女，特别是吴王的两名宠姬，平日里在宫中撒娇嬉笑惯了，根本不把孙武放在眼里。尽管孙武三令五申，她们不但不听号令，不按规定的动作去做，还捧腹大笑，队形顿时大乱。

孙武又把规定的动作和号令高声宣读了一遍，然后，孙武亲自操槌击鼓，重新发令。两名宠姬和这班宫女依然把孙武的话当做耳边风，掩口嘻笑不止。这时，只见孙武双目忽张，怒发冲冠，大声呵斥："号令不遵，罪在队长！来人，把左、右两队的队长拿下，就地斩首示众！"

阖闾见孙武要杀掉自己的爱姬，马上派人传令说："寡人已经知道将军能用兵了。没有这两个美人侍候，寡人吃饭也将没有味道。请将军赦免她们。"

孙武毫不留情地说："臣既然受命为将，将在军中，君命有所不受。"

接着，孙武下令杀掉了吴王的两名宠姬，随后任命左、右两队的排头充当队长，继续练兵。

新任队长和两队宫女目睹刚才发生的一切，吓得面如土色，个个变得神情严肃，口不出声，目不斜视，全神贯注，小心翼翼。当孙武再次击鼓发令时，众宫女操练全都合乎规矩，阵形十分齐整。

然而，阖闾却一时难以接受两名宠姬被斩的事实。一连6天，食不甘味，夜不能寐，脑海中浮现的全是两位宠姬的音容笑貌。阖闾心中甚至一度萌生了不用孙武的念头。

伍子胥看出了吴王阖闾的心思，他便伺机向阖闾进谏说："臣闻自古以来，用兵是一件非常严肃的事情，依法治军，军令才能畅通。大王久欲征伐强楚而争霸天下，日夜思念能得良将辅佐，如果大王因为失去两名爱妾而不起用孙武，那么，还有谁能帮助大王兴兵伐楚、争霸天下呢？美色易得，良将难求，若大王因两个宠姬违法遭诛而放弃一名贤将，何异于农耕时保护莠草而锄去禾苗？再说，这样做也与大王您虚怀若谷、任贤使能的盛名相悖呀！请大王权衡斟酌。"

阖闾毕竟是一位胸怀大志的明君，听了伍子胥的话后，他经过权衡利弊得失，最终决定抛却杀姬之恨，重新重用孙武。

阖闾派人在吴宫筑起高高的拜将台，选择良辰吉日，正式拜请孙武为将军，尊为国师，参与朝政。自此，孙武全身心地辅佐阖闾强国治军，谋划争霸大业。

■故事感悟

阖闾虽是一代枭雄，但身上也有骄傲自大、刚愎自用的毛病。起初对名声不大的孙武并不重视，所以伍子胥的大力举荐才更显得有意义。即使是在阖闾因失去爱姬而怨恨孙武的时候，伍子胥仍然不顾个人得失劝谏阖闾。伍子胥的数次举荐成就了一代伟大的军事家，也充分说明了惜才、举才的重要意义。

■史海撷英

专诸刺王僚

公元前515年，为了解决王位的继承问题，公子光以庆贺吴王僚伐楚班师为名设宴招待。公子光安排了勇士专诸将剑藏在鱼腹中，趁上菜之机刺杀了吴王僚。这就是历史上著名的"专诸刺王僚"的故事。此后，公子光夺得了吴国的王位，史称"吴王阖闾"。

■文苑拾萃

《孙子兵法》

《孙子兵法》成书于春秋末期，作者为孙武。《孙子兵法》是我国古代流传下来的最早、最完整、最著名的军事著作，在中国军事史上占有举足轻重的地位。其军事思想对中国历代军事家、政治家、思想家产生了非常深远的影响。

《孙子兵法》已被译为日、英、法、德、俄等十几种文字，在世界各地流传甚广，并享有"兵学圣典"的美誉。作为华夏文明乃至世界文明中璀璨的瑰宝，《孙子兵法》不仅仅是一部兵书，更是华夏智慧与朴素思想的象征。

晏婴礼遇越石父

越石父（生卒年不详），春秋时齐国贤人。为生计所迫，越石父原在晋国中牟为人做奴仆，后遇晏婴，成为国家有用之才。

晏婴是春秋时期齐国杰出的政治家，拥有极高的声望。司马迁就曾十分崇拜他，表示愿"为之执鞭"。作为一代贤相，晏婴对人才极为爱惜。

有一次，晏婴在出使外国回来的路上，看见一个人戴着破旧的帽子，翻穿着皮衣，背着一捆柴草在路边休息。晏婴见那人神色不凡，气宇轩昂，像是很有修养，就下车好奇地问："你叫什么名字？是干什么的？"

"我叫越石父，是给人家做奴仆的。"那人不卑不亢、语调沉稳地说。

原来，他是一个刚刚被买来的奴仆。晏婴对这样一个气度不凡的人被沦为奴隶感到十分惋惜，便向买主说明了自己打算赎买越石父的意思。正好那家的主人也感觉这个奴仆生来就不像个奴才，心想为了防止赔本，卖了也无妨，于是就欣然应允。晏婴随即命人将驾车的左侧马送给那主人，赎出了越石父。就这样，越石父与晏婴一同回到了国都。

晏婴久别归故里，所以这次回来格外思念亲人，到家门口后自己便迫不及待地进了大门，已经完全忘了越石父的存在。越石父自从被赎回来以后，心中对晏婴一直充满了感激，觉得自己终于能够被人赏识，可以一展自己的才华了。可是这一路上，他见晏婴总是自己先上车，然后才让他上车；到家后连一声招呼都不打，只顾自己先进屋，根本就没想到还有个越石父在身边。越石父心想，这与我在别人家做奴仆时不是一样的吗？我还有什么前途呢？

不久以后，晏婴做了齐国的宰相，国事非常繁忙，来往和应酬也特别多。越石父根本就见不到晏婴的面，晏婴也没有派人来问过他的情况，越石父那种怀才不遇、不被重用的心情更加无法排遣。于是，他就托人转告晏婴说："从即日起，我越石父与你晏婴绝交，还是到有人赏识我的地方去吧！"

晏婴听了手下人的报告，才回想起自己当初赎回越石父的情景，然后命手下人告诉越石父说："从前你是奴隶，我把你赎了出来，这有什么不对吗？我们并没有私人交情，或者说还没有深交，你为什么这么匆匆地就要与我断交呢？"

越石父说："我从前是个奴仆，但自从你赎出了我，我以为自己遇到了知己，认为你可以了解我。可是，我见你上车自己先上，到家也不打招呼，自己就先进去了，根本没问过我的情况，也没有理睬过我。这与我过去的主人有什么两样吗？常言道：'为人君子，不能因为对人有一点好处就举止轻率。'而你这样对待我，令我很伤心。因此，我决定离开这里。"

晏婴听到这一番话后，马上来到越石父跟前诚恳地道歉，说："从前，我只看到先生的外貌举止，而现在更加了解先生的志气和品格，令人佩服，实在是我晏婴失礼。我衷心地向您道歉，还望先生能留下来。日后晏婴有什么不对之处，请先生多多指教。"

越石父见晏婴诚心实意地接受了意见，深感此人胸怀大度，将来必成大业；又经晏婴一再挽留，便留了下来，不久便成了晏婴治理国事的左膀右臂。

■故事感悟

一匹马只是赎出了越石父的身，恭谦的礼遇才赢得了贤士的心。晏婴之所以能成为一代贤相，无疑得益于他那恢宏大度的气量与对待贤才谦和有礼的作风。他的故事告诉我们，要诚心诚意地尊重别人，才能获得他人的真心。

■史海撷英

晏婴倡"仁"

"仁"是儒家"仁政爱民"的主要学说，也是晏子施政的主要内容。晏子很推崇管仲的"欲修改以平时于天下"必须"始于爱民"。他也认为："意莫高于爱民，行莫厚于乐民。"因此遇有灾荒时，他就将自家的粮食分给灾民救急，然后动谏君主赈灾，故而深得百姓爱戴。对外则主张与邻国和平相处，不事挞伐。齐景公要讨伐鲁国，他劝景公"请礼鲁以息吾怨，遗其执，以明吾德"，于是景公"乃不伐鲁"。

闲　昧

（南宋）陆游

身似枯禅谢世尘，岂容收敛强冠巾。
庚郎三韭不妨饱，晏子一裘何恨贫？
栖冷每怜鸡唱早，云开初见月痕新。
闲中有味君知否，熊掌驼峰未是珍。

邹忌荐才兴齐国

邹忌（约公元前385—前319），战国时齐国政治家。他曾以鼓琴游说齐威王，被任相国，封于下邳（今江苏邳县西南），称成侯。他劝说齐威王奖励群臣吏民进谏，主张革新政治，修订法律，选拔人才，奖励贤臣，处罚奸吏，并选荐得力大臣坚守四境，从此齐国渐强。

　　邹忌是战国时期齐国的大臣。他在帮助齐威王广开言路并积极纳谏以后，又考虑到要富国强兵并使齐国再度称雄于诸侯，关键在于选拔官吏、任用人才，并建立对各级官吏的奖惩制度。因此，他建议齐威王做好整治和选拔官吏的工作。

　　齐威王即位之初，由于不理政事，把大权交给卿大夫，结果一些地方官吏为所欲为，压榨百姓。他们还收买威王身边的人为他们说话，使齐威王得不到真实情况。齐威王在邹忌的辅佐下，对地方官的政绩优劣进行调查，并以即墨（今山东平度县东南）大夫和阿（今山东阳谷县）大夫作为正反两个方面的典型，进行了认真处理，在齐国引起了很大的震动。

事情是这样的：即墨大夫是一个勤于政事的正直官吏，但因为他不善于贿赂齐威王左右的人，所以齐威王左右的人经常在威王面前说即墨大夫的坏话，对他进行诋毁。与此相反，阿大夫虽然是个贪官污吏，但他善于贿赂齐威王左右的人，所以齐威王整天听到的都是颂扬阿大夫的话。

齐威王为了了解情况的真伪，派人到这两个地方去调查。调查的结果表明，情况完全相反。即墨这个地方田野越开垦越广，人民丰衣足食，官吏勤于政事，奉公守法。阿地的情况却十分糟糕，田野里到处长满了杂草，老百姓贫困不堪，军事防务也很松懈。赵国攻打甄城，阿大夫不能抵御，败阵而回。卫国攻占了薛陵，阿大夫竟然不知道。

当使者向齐威王汇报了真实情况以后，齐威王对这两地的大夫进行了认真的奖惩。他当即把即墨大夫和阿大夫召来，当众赏赐给即墨大夫一万户的封邑。与此同时，把阿大夫和被阿大夫收买、经常在自己面前称誉阿大夫的官吏都烹杀了。这件事情在齐国引起了极大震动。从此以后，官吏再不敢说假话了。

邹忌还帮助齐威王选拔了一批优秀人才，并委以重任。

一个叫田居子的人，既能体恤下情，又能审时度势，善于处理各种复杂关系。邹忌就把他推荐给齐威王，齐威王派他负责河西地区的军政事务。这个地方与秦国和魏国版图相邻，战略地位十分重要。田居子上任以后，果然不负众望，认真治理河西，并使长期以来河西地区的紧张局势得到了缓和。

当时有一个叫田解子的人，他平时留心于各国的风俗习惯，特别对楚国的民风民俗非常熟悉。这个人还有一大特点，就是擅长交易盈利。邹忌把他推荐给齐威王，齐威王派他出使楚国，结果使得齐、楚两国的贸易往来不断发展。

还有一个叫黔涿子的人，出生于燕国。这个人智术不凡，邹忌推荐他到与燕国、赵国相望的冥州为官。黔涿子在冥州改变过去单纯防御的做法，积极开展边境交往，使邻国间互通有无，生产和贸易都得到了发展。

邹忌还把一个叫子勃子的人推荐给齐威王，齐威王任命子勃子做宫中的官吏。子勃子学术渊博，熟悉各家著作。他做官以后，制订了一套新的礼仪制度，使齐国贵族的行为举止受到一定的约束。从此之后，这些贵族们的行迹大为收敛，不敢越规行事、为非作歹了。

由于齐威王在邹忌的辅佐下进行了一系列改革，选拔和任用了一大批优秀人才，使得齐国逐渐强大起来，多次打败中原强国魏国和赵国，成为东方最强大的国家，使其他诸侯国"莫敢致兵于齐二十余年"。

■故事感悟

邹忌为了国家的富强，大力荐举贤才，终于换来了国家国势的好转和国力的强盛。在邹忌身上，我们看到了一位贤者一心为国的高风亮节。

■史海撷英

国之重宝

有一次，魏王和齐威王一起外出打猎。魏王夸耀说："我们魏国虽然是个小国，但还有10颗宝珠，每颗宝珠的直径有1寸长，它的光亮程度足以照亮前后12辆车那么远。齐国是个大国，请问是否也有这样的宝物呢？"齐威王回答说："我看做宝贝的东西与您有所不同。我有个名叫芸子的大夫，让他守卫南城时，楚人不敢来犯，泗上地方的十二诸侯都来朝拜。我还有个名叫盼子的大夫，让他守卫高唐时，赵人不敢来侵。我有个官吏名叫黔夫，让他守卫徐州，燕人和赵人都感到十分害怕。我还有个大臣名叫种首，让他负责维持治安、防备盗贼的工作，结果齐国道不拾遗。这些就是我用以照耀千里的宝物，哪里只是照亮12辆车呀！"魏王听罢，惭愧地离去了。

■文苑拾萃

一鸣惊人

成语"一鸣惊人"出自西汉司马迁《史记·滑稽列传》。故事的原文是："淳于髡者，齐之赘婿也。长不满七尺，滑稽多辩，数使诸侯，未尝屈辱。齐威王之时，喜隐，好为淫乐长夜之饮，沉湎不治，委政卿大夫。百官荒乱，诸侯并侵，国且危亡，在于旦暮，左右莫敢谏。淳于髡说之以隐曰：'国中有大鸟，止王之庭，三年不蜚又不鸣，不知此鸟何也？'王曰：'此鸟不飞则已，一飞冲天；不鸣则已，一鸣惊人。'于是乃朝诸县令长72人，赏一人，诛一人，奋兵而出。诸侯震惊，皆还齐侵地。威行36年。"

这个故事的大意是说：淳于髡是齐国的一位入赘女婿，他身高不足七尺，为人滑稽，能言善辩，屡次出使各诸侯国，从未受过屈辱。齐威王即位初期时喜欢躲藏起来，彻夜陶醉于酒宴，不理政事，将国事委托给卿大夫。文武百官也荒淫放纵，各国都来侵犯，国家危在旦夕。身边近臣不敢进谏。淳于髡用隐语劝谏说："国中有大鸟，落在大王庭院里，三年不飞又不叫，大王猜这是什么鸟？"齐威王说："这只鸟不飞则已，一飞就直冲云霄；不鸣则已，一鸣惊人。"于是马上诏令全国72县长官来朝奏事，奖赏一人，诛杀一人；又发兵御敌，诸侯十分惊恐，把侵占的土地都归还了齐国。齐国在齐威王的治理下声威竟维持36年之久。

萧何月下追韩信

萧何（？—前193），早年任秦沛县狱吏，秦末辅佐刘邦起义。攻克咸阳后，他接收了秦丞相、御史府所藏的律令、图书，掌握了全国的山川险要、郡县户口，对日后制定政策和取得楚汉战争的胜利起了重要作用。楚汉战争时，他留守关中，使关中成为汉军的巩固后方，不断地输送士卒粮饷支援作战，对刘邦战胜项羽、建立汉朝起了重要作用。萧何采撷秦六法，重新制定律令制度《九章律》，主张"无为"，喜好"黄老之术"。高帝十一年（公元前196年），他又协助高祖消灭韩信、英布等异姓诸侯王。高祖死后，他辅佐惠帝。惠帝二年（公元前193年）卒，谥号"文终侯"。

公元前206年初春的一个夜晚，凉意袭人。银盘似的一轮明月高高地挂在天空，向大地洒下一片银辉。

南郑郊外崎岖的山道上，一位年过半百的长髯老者正在扬鞭策马。

"韩都尉！韩都尉！"老者边策马赶路，边高声呼唤。原来他就是刘邦的著名助手萧何，此时正在追赶一位名叫韩信的青年军官。

韩信早先投奔了项梁的起义队伍，项梁死后，他又追随项羽。项羽让他当了一名小小的郎中。韩信几次向项羽献计，项羽根本不予采纳。于是韩信弃楚投汉，可刘邦也只是让他做了个小官。韩信见自己不被重用，不免有点牢骚。

　　一天，他和13个伙伴一起喝酒，酒后失言，有人报告了刘邦。刘邦怀疑他们谋反，便把他们全部逮捕下狱，判了死罪。

　　行刑那天，刽子手手起刀落，刑场上已有13颗脑袋滚落地上。轮到韩信了，他面不改色，大声呼喊道："汉王不是要争天下吗？为什么要杀壮士？"

　　监斩官夏侯婴吃了一惊，他见韩信状貌奇伟，便动了怜才之心。他和韩信一番交谈后，对韩信的才干大为赏识，便说服汉王，赦免了韩信，并提升他为治粟都尉。都尉虽比原来的官职高一级，但韩信仍无法施展自己的军事才能。

　　萧何一贯是个爱才之人。他听说后，便把韩信请去谈话。韩信果然谈得头头是道，见解独特。萧何非常高兴，称赞他是个将才，并保证向刘邦推荐。

　　谁知刘邦并不认为韩信有什么大才能，迟迟不予重用。这使韩信心灰意冷，决心离开刘邦，另谋出路。

　　一日晚饭后，韩信悄悄地打点好行装，骑上马偷偷地逃出了军营。

　　"韩都尉单骑逃出东门！"城门官急忙报告萧何。

　　萧何一听，如失至宝。他来不及报告刘邦，便跳上一匹快马追去。一直追到天黑，追得精疲力尽时，方见前面的小河边一人正牵马饮水。萧何喜出望外，赶上去一看，正是韩信。

　　萧何翻身下马，拉住韩信，让他跟自己回去，韩信不肯。萧何极力劝说，并说因自己尚未向汉王保荐，才致使都尉受委屈。韩信见萧何言辞恳切，方跟他一起回到南郑。

韩信回来后，刘邦终于被萧何说服，筑坛拜韩信做了大将。

后来，韩信果然成为一位了不起的军事人才，在楚汉战争中，他百战百胜，建立奇功，成了汉朝的开国功臣。

■故事感悟

韩信有盖世之才，萧何有识人之明。萧何的挽留、举荐终于使刘邦认识到了韩信的价值，使韩信在日后的战争中尽显才华。这说明发现人才的人与杰出的人才同等重要。

■史海撷英

成也萧何，败也萧何

韩信经萧何举荐被刘邦任为大将军，为汉朝的建立立下了汗马功劳，汉朝建立后被封为楚王。晚年的刘邦最怕在自己百年之后政权旁落他人。他先是用计生擒了韩信，念其功高且又无罪证，遂赦免了韩信，改封淮阴侯。后韩信私下与其他将领相约举事，不幸走漏了消息。吕后同萧何商议，由萧何出面，假称北方传回捷报，邀请韩信进宫向吕后贺喜。结果韩信刚入宫门，就被事先埋伏好的武士一拥而上，捆绑起来。随后，韩信被带到长乐宫钟室，被吕后残忍地杀害了。

诸葛亮启用罪臣之子

诸葛亮（181—234），字孔明，号卧龙。琅邪阳都（今山东临沂市沂南县）人。诸葛亮是蜀汉丞相，三国时期杰出的政治家、战略家、发明家、军事家。在世时被封为武乡侯，谥曰忠武侯。

李丰（生卒年不详），南阳（今河南南阳）人。三国时期蜀汉武将，大臣李严之子。230年，李严防止曹真进攻汉中之时，代其父为江州都督军。李严遭罢免时，诸葛亮以"若与蒋琬协力从事职务，必可开启道路"一语以鼓励。后李丰官至朱提太守。

蜀汉建兴九年（231年），诸葛亮再次率兵出祁山北伐曹魏，责成李严为大军督办粮草。但是，正巧汉中数月大雨，粮草一时征集不起来。李严害怕承担贻误军机的责任，就要了个花招，写信给在前方的诸葛亮，谎称东吴兴兵犯境，后主希望丞相退兵回朝。诸葛亮接信后立即撤了兵。等到部队撤回汉中，李严又在众人面前故作惊讶地说："粮草都已齐备，丞相怎么又撤兵了？"为了防止后主追究撤兵之事，他又给后主上书说丞相撤兵是缓兵之计。

诸葛亮得知这些情况后，对李严这种欺上瞒下、损害国家利益的行为十分气愤，拿出李严给他的亲笔信与其对质，李严张口结舌，无话可说。事情的真相已经明了，但蜀汉当时国力较为衰弱，人才匮乏，许多人都劝诸葛亮看在李严是托孤老臣的份上，不要再追究了。而诸葛亮又何尝不想给李严留点情面呢？两人一起共事多年，私交也相当密切。但想到李严损害了国家利益，作为托孤老臣，影响甚坏，他还是上书后主，要求惩处李严，严明国家法纪。最后，李严被罢官流放。

令人出乎意料的是，李严被治罪后，诸葛亮马上又推荐李严的儿子李丰为长史，接替李严的职务，负责督办全军的粮草。李丰接受了父亲的教训，一丝不苟地办事，不久就受到了嘉奖和提升。

12年后，李严在流放之地听到诸葛亮去世的消息后，悲痛欲绝。他哭着对人说："孔明活着，我还有将功补过的机会；孔明一死，再也没有人能够了解我，再也没有人能给我这样的机会了。"不久，他也在极度的悲伤中去世了。

■故事感悟

诸葛亮执法严明，并尽力发掘人才。为了蜀汉的兴盛和北伐大业，他不因李丰是罪臣之子就弃之不用，相反，他努力保证了人尽其才。诸葛亮赏罚分明、一心为国选才的精神赢得了人们的尊重。

■史海撷英

诸葛亮联吴抗曹

建安十三年（208年）八月，曹操南下，刘备大败，退至夏口。孙权派鲁肃前来观察情况，鲁肃建议刘备向孙权求救。诸葛亮面见孙权，说："如果能以吴地的军力与中原之国抗衡，不如早和曹操断交；如果认为不能抵挡，为何不停止军事行动，向北方称臣呢？"

孙权却反问诸葛亮，刘备为何不投降？诸葛亮便提高刘备身价，说刘备是帝王之后，有气节，绝不投降，以向孙权显示刘备的决心。孙权大怒，誓言不会向曹操投降，愿与刘备一起抗曹，但却担心刘备的兵员战斗力。诸葛亮说明了刘备现存的力量，又说出曹军远来疲惫，正是"强弩之末，势不能穿鲁缟"，而且北方人不习水战，荆州百姓又是被逼服从曹操，不是心服，曹操必定会败战。孙权非常高兴，后又受到鲁肃、周瑜的劝说，决定联刘抗曹，派周瑜、程普、鲁肃等率3万水军，与曹操开战。

十一月，曹操率军在赤壁遭遇孙刘联军的火攻，且军中又发生瘟疫，故而大败，回师北还。

■ 文苑拾萃

出师表（节选）

（三国）诸葛亮

侍中、侍郎郭攸之、费祎、董允等，此皆良实，志虑忠纯，是以先帝简拔以遗陛下。愚以为宫中之事，事无大小，悉以咨之，然后施行，必能裨补阙漏，有所广益。

将军向宠，性行淑均，晓畅军事，试用于昔日，先帝称之曰能，是以众议举宠为督。愚以为营中之事，悉以咨之，必能使行阵和睦，优劣得所。

亲贤臣，远小人，此先汉所以兴隆也；亲小人，远贤臣，此后汉所以倾颓也。先帝在时，每与臣论此事，未尝不叹息痛恨于桓、灵也。侍中、尚书、长史、参军，此悉贞良死节之臣，愿陛下亲之信之，则汉室之隆，可计日而待也。

房玄龄荐贤斥庸

房玄龄（579—648），别名房乔，字玄龄（一说名玄龄，字乔松）。齐州临淄（今淄博市临淄区南马坊村）人。唐朝开国宰相。房玄龄博览经史，工书善文，18岁时本州举进士，先后授羽骑尉、隰城尉。隋末大乱，李渊率兵入关，房玄龄于渭北投李世民，屡从秦王李世民出征，出谋划策，典管书记，任秦王府记室。每平定一地，别人争着求取珍玩，他却首先为秦王幕府收罗人才。唐太宗李世民即位，房玄龄为中书令；贞观三年（629年）二月为尚书左仆射，监修国史；十一年（637年）封梁国公，与杜如晦、魏征等同为太宗的重要大臣；至十六年（642年）七月进位司空，仍总理朝政。房玄龄曾受诏重撰《晋书》。太宗征高句丽时，他留守京师。贞观二十二年（648年）房玄龄病逝，陪葬昭陵。

贞观三年（629年）二月，唐太宗李世民任命房玄龄为左仆射。唐初的左右仆射就是宰相。

唐太宗重视选才用人，他认为"致治之术，在于得贤"。他确定宰相的首要职责是求访贤才。唐太宗还下令把宰相担负的具体政务交给左右丞处理，宰相集中精力处理大事和挑选人才。这为房玄龄选贤任能创造了极好的条件。

房玄龄是一位卓越的实干家，一批出色的人才被他陆续荐举给朝廷。他担任宰相后，首先裁减大量的冗员。唐太宗曾对房玄龄说："官在得人，不在员多。"根据唐太宗的诏令，房玄龄于贞观初年在全国进行了一次重大的行政改革：根据地理位置在全国设10道、300余州，并对在职官员进行大量裁并。这项措施对唐朝政治的巩固和经济的发展无疑有着重要的意义。精简官员提高了行政效率，为国家节省了财政支出，减轻了人民负担，使人民得以休养生息，发展生产。

房玄龄不仅果断地裁去大量冗员，而且更注意因才授任，选贤任能。早在李世民做秦王时，房玄龄就发现杜如晦智谋超群，有治国安邦之才，就向李世民推荐了他。从此，李世民开始重用杜如晦。后来，杜如晦辅佐唐太宗治国，功勋卓著，成为与房玄龄齐名的贤相。

房玄龄选用人才时重才也重德。李大亮不但文武全才，而且品德优异。房玄龄称李大亮可以当大位，唐太宗就拜李大亮为左卫大将军，兼领太子右卫军，又兼工部尚书，身兼三职，甚为器重。

薛收是个卓有文才的读书人，经房玄龄的推荐，为唐太宗任用。唐太宗征伐敌人时的檄文、捷报，大多出于薛收之手。可惜薛收只活了33岁，唐太宗感到很惋惜。

对唐太宗要任用的人，房玄龄认为不合适的，也不苟用。贞观二十一年（647年），唐太宗要拜李纬为吏部尚书，想听听房玄龄的意见。房玄龄认为不合适，力劝唐太宗，唐太宗便改变了原来的主意，改任李纬为洛州刺史。

贞观时期吏治清明，人才济济，这和房玄龄一心为公、举贤惜才是分不开的。

房玄龄是中国古代著名的贤相。为了国家的长治久安，他一心为公，为朝廷选拔了无数贤才，并大力罢斥庸才、奸佞。为此，他不惧权贵，多次犯颜直谏。他这种秉公持正、努力选贤任能的品质值得后人学习。

■史海撷英

房谋杜断

唐朝初年，唐太宗非常善于任用能人贤人为之服务，也会经常听从群臣的意见。一次，太宗在与文昭商量事情时，房玄龄感慨地说："非如晦莫能筹之。"而等到杜如晦来到时，杜如晦立即分析房玄龄的计谋并作出决断。由于两人的合作相当融洽，故而人称"房谋杜断"。

■文苑拾萃

赋秋日悬清光赐房玄龄

（唐）李世民

秋露凝高掌，朝光上翠微。
参差丽双阙，照耀满重闱。
仙驭随轮转，灵乌带影飞。
临波光定彩，入隙有圆晖。
还当葵霍志，倾叶自相依。

娄师德虚心举荐能人

娄师德（630—699），字宗仁。郑州原武（今河南原阳县师寨镇安庄村）人。唐朝大臣、名将，唐高宗、武则天时的两代大臣。娄师德前后在边疆驻扎了30余年，以谨慎忍让而闻名。娄师德为官清廉，虽为朝廷大臣，但生活仍很清贫。

娄师德是武则天称帝时的宰相。

娄师德能虚心举荐能人。有一次，武则天单独召见娄师德，和他谈论政事。谈话中，武则天问娄师德有没有可以担当大任的人才。娄师德听后，未多考虑，极力推荐了狄仁杰。事后，武则天果然采纳了娄师德的意见，将狄仁杰从外地召回京城，和娄师德同任宰相。

狄仁杰任宰相后，并不知道是由于娄师德的举荐；相反，他心中总是记着过去和娄师德之间的一些不愉快的过节。而且，不久前他曾遭受到一些政治迫害，心里总怀疑是娄师德在里边起了推动的作用。因此，他常常当着武则天的面讲娄师德的不好。时间长了，他的话引起了武则天的注意。

一天，武则天在便殿和狄仁杰闲谈。闲谈中，武则天有意问狄仁杰："娄师德的品德好不好？"狄仁杰话中带刺地说道："他带兵守边时，有过战功。至于他的品德好不好，我不是很清楚。"

武则天接着又问："他能发现和举荐出色的人才吗？"狄仁杰说："我和他在一起，没有这方面的感受，也不曾听说过。"

听到这里，武则天哈哈大笑，对狄仁杰说："你还不知道吧？你能当上宰相，正是由于他的举荐呀！依我看，在荐贤方面，没有比娄师德做得更好的了。"武则天随即拿出了娄师德的荐表，让狄仁杰过目。

事情完全出乎狄仁杰的意料，他感到十分惭愧，感叹地说："娄师德的度量这么广阔，我却一点儿也不知道，可见我比他差远了！"

从此，狄仁杰主动交好娄师德，两人的关系也密切起来，共同辅佐武则天管理国事。

不久，北方的契丹出兵犯境，攻陷了一些州郡。敌兵烧杀抢掠，百姓纷纷逃难。这时，狄仁杰和娄师德一同率兵出征，抵御敌兵。两人互相配合，分路出击，杀退了敌军，收复了失去的州郡，使边境居民重新过上了安定的生活。

■故事感悟

娄师德宽宏大量，不记旧恶，秉持公心，向武后极力推荐狄仁杰，品德高尚；狄仁杰虽对娄师德有误会，但当他知道娄师德的高尚品格后也勇于改正自己的错误，与娄师德同心同德为国家做事，同样值得赞扬。

■史海撷英

狄仁杰犯颜直谏

唐高宗仪凤年间（676—679年），狄仁杰升任大理丞。他为官刚正廉明，一年之中就判决了大量的积压案件，涉案1.7万人无一诉冤者，一时名声大震。

为了维护法律，狄仁杰敢于犯颜直谏。仪凤元年（676年），武卫大将军权善才误砍了昭陵的柏树，狄仁杰奏其罪当免职。而唐高宗却在气愤之下，命人马上杀了权善才，狄仁杰又奏罪不当死。高宗愤怒地说："善才砍了陵上的树，是陷我于不孝，必须杀之！"左右的人都劝狄仁杰退下，狄仁杰却说："违逆君主的意思，自古以来都觉得是最难的事情，我却认为不然。在桀、纣当政时则难，尧、舜当政时则易。我幸逢尧、舜之君，不惧有比干之诛。今陛下以昭陵一株柏杀一将军，千载之后，后人谓陛下为何主？我不敢奉诏杀善才，以陷陛下于不道。"高宗这才怒气稍解，权善才也因此而被免死。

□文苑拾萃

《大唐狄公案》

《大唐狄公案》是西方汉学大师高罗佩的经典之作，如今已被列入美国芝加哥大学学生的必读书目。全书以中国唐代宰相狄仁杰为主人公，讲述了他在州、县及京都为官断案、为民除害的传奇经历。

全书共16个中长篇、8个短篇。每篇的案情都十分凶险，情节扣人心弦，谜底更是逼人追索。作者笔下的狄仁杰不同于中国传统公案小说中的"青天大老爷"，他有着独到的办案风格，重效率而轻缛节，讲操守而又善变通，重调查推理，而不主观妄断。狄仁杰断案如神，被西方读者称为古代中国的福尔摩斯。

20世纪50年代，《大唐狄公案》的英文版一面世，就在欧美引起了轰动。至今该书已被译成十多种文字，并不断再版。

狄仁杰尽心荐才

狄仁杰(630—700),字怀英。唐代并州太原(今山西省太原南郊区)人。唐朝杰出的政治家。武则天当政时期任宰相,武则天称其为"国老",初任并州都督府法曹,转大理丞,改任侍御史,历任宁州、豫州刺史等职。狄仁杰为官如老子所言"圣人无常心,以百姓心为心",为了拯救无辜,敢于拂逆君主之意,后人称之为"唐室砥柱"。狄仁杰还是我国历史上以廉洁勤政著称的清官。

狄仁杰少时聪颖好学,参加科举考试,中明经科,封官汴州判佐(司法官职)。他为官清正,勇于直言进谏,屡次受到高宗的提拔封赏。武则天时,由大臣娄师德举荐,他被提升为宰相。

狄仁杰为相不居功自傲,他不断地从各地选拔能人奇士,入朝为官。当时,武则天命令宰相各推举员外郎一人。狄仁杰认为自己的儿子狄光嗣果敢正直,精明强干,又有学问,便推荐了他。武则天拜他为地官员外郎,掌管天下户口。

狄光嗣挂印上任后不久,就表现出了非凡的才能。他处理事务条理分明,从未出过什么差错,很有成绩。武则天知道后,高兴地对狄仁杰说："你简直可以和古代的贤人祁奚相比了。"

通事舍人（掌管太子宾客接待）元行冲，学识渊博，狄仁杰十分器重他。元行冲对狄仁杰说："持家者要准备好肉、盐等以维持生命，准备好药物用来治病。我认为您家中的山珍海味是很多的，就让我尽点药末的力量吧。"

狄仁杰很感动，说："我药柜中的药是一天也不能缺少的。"后来他向武则天举荐了元行冲。

狄仁杰任宰相后，更加广泛地审慎察人，大胆用人，不让一个能人贤士埋没。

有一次，武则天问他："我想任用一个贤能之士辅佐我处理公务，你认为谁合适呢？"

当时襄阳人张柬之极有政绩，但年龄已高，在家休养。狄仁杰早闻其名，说："有个叫张柬之的人，虽然年事已高，却具有担任宰相的才能。"武后便任命张柬之为洛州（今河南洛阳）司马。

过了一些日子，武则天又问狄仁杰同样的话。狄仁杰说："上次我向您推荐了张柬之，您还没有任用他呢！"

武后说："我已任命他为洛州司马了。"

狄仁杰说："那真是大材小用。我推荐的人可以担任宰相而不是司马。"

于是，武则天调张柬之为秋官侍郎（掌管刑法典狱）。张柬之果然不负众望，政绩斐然，受到人们夸赞。武则天最终任命他为宰相。武则天对狄仁杰识人的能力极为赞赏。

狄仁杰后来又推荐夏官侍郎姚崇、监察御史桓范彦、太州刺史敬晖及袁恕己、崔玄玮等数十人在朝任职。姚崇后来成为唐玄宗时极有才干的宰相；桓范彦慷慨豪爽，狄仁杰很看重他，曾说："足下才智过人，一定能有前途。"果然，不久他就被升为御史。

　　狄仁杰推荐了这五人后就退休了。他对他们说："令人遗憾的是我老了，看不到你们施展雄才大略了。希望诸位各自保重，尽心为国。"他们都非常感动。后来这些人在拥立中宗复位、驱除佞臣张易之时都立下了汗马功劳。

　　狄仁杰一生推荐了数十人为相任卿，声名远播。有人曾对他说："天下的门生都在您的门下了。"

　　狄仁杰却说："举贤是为了国家，不是为了私利啊！"

■故事感悟

　　狄仁杰慧眼识才，尽心荐才，为国家荐举了一批杰出的栋梁。他谦虚谨慎，并不居功自傲，显示了宽广的胸怀。他的美德值得人们永远学习。

■史海撷英

狄仁杰仁义和戎夏

　　武则天垂拱二年（686年），狄仁杰出任宁州（今甘肃宁县、正宁一带）刺史。其时宁州为各民族杂居之地，狄仁杰注意妥善处理少数民族与汉族的关系。"抚和戎夏，内外相安，人得安心"。郡人为他勒碑颂德。是年御史郭翰巡察陇右，宁州歌狄刺史者盈路，郭翰返朝后上表举荐，狄仁杰升为冬官（工部）侍郎，充江南巡抚使。

赵普犯颜荐人才

赵普（922—992），字则平。北宋政治家。祖上为幽州蓟（今北京西南）人，后迁镇州（今河北正定），再迁洛阳。后周时赵普为赵匡胤的幕僚，任掌书记，策划陈桥兵变，帮助赵匡胤夺取政权。宋初赵普任枢密使，乾德二年（964年）起任宰相。太宗时赵普又两次为相，淳化三年（992年）因病辞职，封魏国公。赵普少时为吏，读书不多，相传赵普有"半部《论语》治天下"的说法。

赵普是宋初著名功臣，辅佐宋太祖赵匡胤多年。他性格沉稳，严肃刚正，又很有原则，能以天下大事为己任。宋初，在宰相职位上的人有很多都拘谨、顾小节而遇事沉默不言；赵普则刚毅果断，勇于说出自己的观点，不怕得罪人，没有谁能与他相提并论。

有一次，赵普推荐某人担任某个官职，赵匡胤对这个人印象不好，不同意用这个人。第二天，赵普又上奏推荐这个人，赵匡胤有点不耐烦，还是不准备用。如果是其他人，看到皇帝不高兴，早就改弦易张了。可赵普不是这样，他丝毫不考虑自己的利益和安危。第三天，赵普还是上奏推荐这个人。赵匡胤一见奏章，勃然大怒，撕碎赵普的奏章并扔在地上。赵普并不害怕，脸色一点没有变。他没有谢罪，而是把奏章碎片捡起来带回了家。

赵普荐举这个人的决心没有变，他要寻找一个好机会。过了些日子，赵普把赵匡胤撕破的奏章补缀起来，又像当初一样拿去上奏。赵匡胤不像原来一样怒火冲天了，心想，赵普不是个徇私舞弊或糊涂之人，他极力举荐这个人必定有他的道理。赵匡胤仔细思考了一下，最终任用了这个人。后来，此人果然很称职。

▊故事感悟

赵普作为宋朝开国之臣，谋略出众，性情刚直。在推荐人才一事上，他秉公持正，一心为国家着想，不顾自身安危，敢于犯颜直谏，最终使有才之人得到重用。他的胸怀和勇气令人钦佩。

▊史海撷英

君臣雪夜议国事

乾德二年（964年），宋太祖赵匡胤认为中央与地方政权既定，时机成熟，便尽罢原后周的大臣，任命赵普为门下侍郎、平章事，实际上担任的是宰相的职位。

一天晚上，天降大雪，赵匡胤与弟弟赵光义冒雪访问赵普，赵普燃炭烧肉置酒招待他们。赵匡胤称赵普妻子为嫂，君臣之间气氛甚为融洽。他们谈话的中心是商量用兵北汉的问题。赵普认为，北汉西面、北面都有敌国，若攻下北汉，就与敌国直接相对，不如先消灭南方弱小的国家，等大局已定的时候，小小的北汉哪里是大宋的对手呢？赵匡胤表示，赵普的策略深合他的心意。他们的这项策略为日后的统一战争指明了方向。

日　诗

（宋）赵匡胤

欲出未出光辣达，千山万山如火发。
须臾走向天上来，逐却残星赶却月。

王旦大度容寇准

王旦（957—1017），北宋名相，字子明。大名莘县（今属山东）人，太平兴国五年（980年）进士。淳化二年（991年），王旦任右正言、知制诰，并被封为礼部郎中、兵部郎中；至道三年（997年）真宗即位，4年之中连续晋升，初为中书舍人，后为参知政事；景德二年（1005年）加封为尚书左丞，次年，升为工部尚书、同中书门下平章事，成为宰相；景德三年（1006年），除工部尚书、同中书门下平章事、集贤殿大学士。天禧元年（1017年）九月王旦病逝，册封太师、尚书令、魏国公，谥文正。

王旦和寇准都是北宋真宗时期的宰相，寇准声名赫赫，而王旦却鲜为人知。其实，寇准的显赫政绩与王旦在背后的支持和举荐是分不开的。

寇准有着不凡的胆略和才干，宋太宗、宋真宗对他都十分器重。但作为群臣之首，寇准的缺点也很明显，那就是比较独断自大，器量也不够宽宏。《宋史》中说他"虽有直言之风，而少包容之量"。而与寇准同年考取进士的王旦虽然只大寇准4岁，但他最为人称道的就是识大体，待人处事宽厚，做事风格与寇准形成了鲜明的对照。

王旦为人宽宏，在家里也从不为家务琐事而发怒或怪罪下人。有一次，他家的厨子想试试他的忍耐限度，故意把灰尘投进肉羹里。王旦看了看，就只吃白饭。家人问他怎么不吃羹，他说："我今天不想吃肉。"改天厨子又故意把灰尘掉进饭里，王旦看了看说："今天我饭也不想吃，就来点粥吧。"

一次，王旦任职的部门送公文到寇准那边，体例不合，寇准禀报上去，王旦被真宗批评，手下人也都跟着挨罚。不久，寇准那边送来的公文也出了类似的问题，王旦手下的堂吏们欣然呈给王旦，心想这下可逮着报复的机会了。哪知王旦只是派人送还给寇准，请他改正后再呈送。寇准很惭愧，见到王旦就说："老兄，你为什么有如此大的度量？"王旦笑而不答。

尽管王旦为人宽厚，但也难免有人批评他。说王旦坏话最多的就是寇准，而王旦对寇准则基本上都是赞许的话。时间长了，连宋真宗也替王旦打抱不平，说："你如此赞美寇准，他却总说你不好。"王旦替寇准辩解说："这也是理所当然的，我管事久了，缺失肯定不少。寇准直言无隐，更见得他是个忠直的大臣。我所推重的，就是这样的人啊。"

王旦自从景德三年（1006年）登上宰相之位后，任相10多年。而寇准虽然比王旦早两年登上相位，却经历了几起几落。王旦任宰相后不久，寇准就被真宗罢免了枢密使之职。他私下请求王旦，说想当使相。王旦吃惊地说："将相之任，怎么可以自己要求呢？我不接受私人的请求。"寇准以为这事没希望了，可是不久他真的被任命为武胜军节度使、同中书门下平章事，得到了使相之职。寇准觐见真宗时，真宗告诉他，这都是出于王旦的推荐。王旦虽然不接受他的私请，但以公而论，却认为他有这个资格。寇准既惭愧又感动，这才承认自己确实不及王旦。

天禧元年（1017年），王旦病重，宋真宗在探视他时问："万一你要有个三长两短，天下事应当托付给谁呢？"王旦不肯推荐，说："知臣莫若君，人选应当由您来定。"真宗说："你就说说你个人的意见。"王旦郑重地说："一定要问我的话，我认为没有谁比寇准更合适了。"真宗说："寇准性情偏执，你再提别人吧。"真宗其实是想让王钦若当宰相，但王旦说："其他人我就没那么了解了。"王旦死后，真宗果然再次任用寇准为相。王钦若则又等了若干年，才终于做了宰相。他对别人说："就因为王旦，我推迟了10年才当上宰相。"

▢故事感悟

王旦以公心处事，宽宏大量，努力避免与寇准的冲突。虽然二人之间有过节，但王旦还是多次向皇帝举荐寇准，并不惜违逆皇帝的意思。在王旦身上，我们看到了一位国家栋梁之才的宽仁之德、公忠之心、惜才之意。

▢史海撷英

王旦朴实廉洁

王旦的子女看到一条玉带很好看，就拿给王旦看，王旦叫他们把玉带系在自己的腰上，问："系在身上还看得见漂亮吗？"他们说："系在身上，自己怎么能看得见？"王旦说："自己负重却让人家赞美，那不是很劳累吗？快拿掉它。"

王旦一生都没有购置田房，他说："子孙应当想到自立才行，何必为他们买田置房呢？这样做只会让他们为争夺财产而成为不义的人。"王旦的侄子王睦酷爱读书，曾经写信要求王旦推举他为进士。王旦说："我曾经为你的名利心太盛而担心，怎么可以再同贫寒的读书人去争功名呢！"王旦就是这样廉洁，所以直到王旦去世，他的儿子王素也没有做官。

■文苑拾萃

十州阁

（宋）王旦

山川如幻阁长秋，一鸟飞来伴九州。
不碍渔礁双桨过，何妨罗绮四时游。
云疑泰华分张去，永忆蓬瀛散漫浮。
禁苑未知湖海乐，生绡写取献九州。

欧阳修不计个人恩怨

欧阳修（1007—1072），字永叔，号醉翁，晚年号六一居士。庐陵（今江西吉安）人。北宋文学家、史学家，为唐宋八大家之一，在政治上也负有盛名。欧阳修于宋仁宗天圣八年（1030年）中进士，初任西京留守推官，后入朝任馆阁校勘。后拜枢密副使、参知事先事、刑部尚书、兵部尚书等，以太子少师退归，赠太子太师，谥号文忠。欧阳修是北宋诗文革新运动的领袖，继承并发展了韩愈的古文理论。他主张文以明道，反对"弃百事不关于心"；主张文以致用，反对"舍近取远"；提倡平易自然之文，反对浮艳华靡的文风。其诗意境别颖，清丽秀美，耐人寻味。

北宋的欧阳修不仅是一位杰出的文学家，也是一位杰出的政治家。他在任职吏部和任参知政事期间，广揽人才，培养、提拔了一大批新人，如包拯、张壤、苏轼、苏辙、曾巩、程颖、张载、王回等。欧阳修和苏洵、苏轼、苏辙、王安石、曾巩同列"唐宋八大家"中。其实这五人都是经欧阳修推荐提拔成名的。

曾巩是欧阳修的江西老乡，比欧阳修年少12岁。他22岁那年赶考，结果名落孙山。欧阳修为了鼓励他，特意为他写了篇《送曾巩秀才序》，并收他为门人。数年后，曾巩再次赶考，终于中了进士。欧阳修很高兴，遂向宰相杜衍推荐他，说"进士曾巩者，好古为文知道理，不类乡间少年举子"，希望有所任用。不久，欧阳修又写了《举章望之、曾巩、王回等充馆职状》的奏议，说："曾巩自为进士，已有时名。其所为文章，流布远迩。志节高爽，自守不回。臣今保举，堪充馆阁职任，欲望圣慈特赐甄擢。"还表示："如其不如举状，臣甘当同罪！"恳请皇上予以重用。结果，曾巩被晋升为实录检讨官，接着又不断升迁，从而成为朝廷名臣。

对于朝廷官员，欧阳修也择优推举他们担任更重要的职务。例如，他写有《论韩琦、范仲淹乞赐召对札子》，向皇帝举荐韩琦、范仲淹可重用掌国。他还写有《论乞主张范仲淹、富弼等行事札子》，请求皇帝坚信范仲淹、富弼等人。

欧阳修一直到告老还乡之前，还向宋神宗推荐了三位未来的宰相人选：司马光、吕公著、王安石。这一消息传出后，顿时在文武百官中引起了很大震动：因为这三个人都与欧阳修有着很深的矛盾。

首先是司马光。欧阳修和司马光在之前的"议礼"事件中，简直是势不两立。"议礼"是指讨论濮王的谥号问题。濮王赵允让是宋英宗赵曙的生父，而宋仁宗赵祯则是赵曙的继父。赵曙应如何尊奉生父濮王？欧阳修和司马光意见分歧很大，司马光甚至要求罢免欧阳修的官。

其次是吕公著。欧阳修与吕公著之间的关系也异常紧张。早在庆历年间，范仲淹当权，施行新政，欧阳修是大力支持者。新政失败，许多人落井下石，把范仲淹说得一无是处，还联合上书仁宗皇帝，要求罢免范仲淹。值此关键时刻，欧阳修毅然站出来，舌战群儒，并上书仁宗，慷慨陈词，竭力为范仲淹辩解。而吕公著此刻也站了出来，针对欧阳修的说词逐条批驳，还列举欧阳修如何支持范仲淹，甚至把他说成"范党"，要求仁宗也罢他的官。结果由于寡不敌众，弱不胜强，范仲淹被贬出朝廷。随后，欧阳修的地位也随之一落千丈，被贬为小小的夷陵县令。他在地方任职多年，重返朝廷时已经须发斑白了。

至于王安石，欧阳修与他也有过极不愉快的事。王安石初仕之时不认识欧阳修，而分外关心王安石的曾巩劝他结识欧阳修。王安石天生就是倔脾气，被人称为"拗相公"，说什么也不去。后来，王安石还曾嘲戏欧阳修。这对清高的欧阳修来说，简直是极大的羞辱。

而今欧阳修一札荐三贤，难道是他忘记了司马光与他唇枪舌剑的"议礼"之争？忘了吕公著奏本使他在外漂泊十余年？忘了王安石曾作诗戏弄他？不少人百思不得其解。但了解欧阳修的人都知道，他之所以如此，完全是把个人恩怨置之一边，一心想的是国家的利益。

■故事感悟

欧阳修不仅是一位杰出的文学家，更是一位忠贞为国的政治家。他虽屡遭贬斥，但爱国之心不减，不因私人恩怨废弃国家大事，极为大度地推荐了三位贤才。他的做法表现了一位杰出之人为国荐才的胸怀。

第二篇

君主识才成大业

商汤用伊尹成大业

汤（生卒年不详），姓子，名履，又名天乙。商朝的建立者，又称武汤、武王、天乙、成汤、成唐，甲骨文作唐、太乙，一称高祖乙。汤为帝喾（传说中古代部族首领）之子契的十四世孙。夏朝末年，汤一举成为商族的首领，由于爱护百姓，施行仁政，深得民众的拥护，以致周围的一些小国也慕名前来归附，其势力便迅速强大起来。灭夏后，他建立了中国历史上第二个奴隶制国家商朝，定都于亳，死后被谥为"成汤"。

夏朝的时候，商族只是一个小部落。他们的先祖是契。舜执政时，任命契为司徒，因其教化百姓有功，被封于商。

夏朝末年在位的君主是桀。虽然桀才智过人，身材魁梧，力大如牛，但却残暴无道。他建造了高大华丽的宫殿，令人民不堪其苦。他的王后妹喜备受宠爱。妹喜有个爱好，喜欢听撕丝绸的响声，桀就命人撕绸子取悦妹喜。

桀的另一"力作"是酒池，他和妹喜坐着彩船在酒池中划来划去看热闹。船中置一鼓，桀亲自击鼓，鼓声一响，跑到酒池边"牛饮"者有

3000多人。有人喝醉后失足淹死，妹喜"笑而为乐"。

为了说服这位君王改邪归正，有位叫关龙逢的大臣提了意见。桀勃然大怒，对这位忠贞的大臣施予"炮烙"之刑，将其残忍地杀害了。

对夏桀的种种倒行逆施，人民恨之入骨。夏桀曾自比太阳，人们诅咒道："你这个太阳怎么还不死呀，我愿与你同归于尽。"

有一次，夏桀杀害谏者，商国首领汤派人哭吊被杀的人。夏桀的大臣赵梁为了讨好桀，建议把汤囚禁在夏都（今河南巩县境内）的水牢里。后来，汤采用行贿的办法得以获释，他下定决心要推翻夏桀的统治。

汤获释后，更加注意以仁政治国，恩及禽鸟，大得人心，诸侯国背夏而顺汤者越来越多。无论是治理国家也好，起兵打仗也罢，人才是关键。汤先后得到仲虺和伊尹两个人才。

仲虺的祖先奚仲在禹时是负责造车的官员"车正"。这时的仲虺已是薛地（今山东滕县南）的一个小诸侯了。他听到夏桀的暴行，也不顾自己和夏桀同宗的亲戚关系，带着族人来投奔汤。汤喜出望外，用其为左相，参与国政。

伊尹，名挚，出生在伊水（今河南伊川）边，后流落到有莘氏（今河南开封陈留），被有莘国王的一位厨子所收留。伊尹出身低微，是有莘氏的奴隶，但他位卑未敢忘忧国。通过对夏桀所作所为的观察，伊尹认为他的暴行已经给自己掘好了坟墓，非亡不可。伊尹看到东方的商国勃然上升的势头，决定投奔汤。

机会来了，汤向有莘国王提亲，要娶其女儿为妻。有莘氏求之不得，爽快地答应了。伊尹趁机请求以陪嫁奴隶的身份去商国，得到的答复是可以。

伊尹到了商国以后，充分发挥自己在有莘国学到的厨艺，给汤做的饭味美无比，很得汤的赏识。后来一谈话，汤又发现他是位治国的人才。于是，汤作出了一个反常规的大胆决定，用这位奴隶为右相，参与国政。

伊尹得到重用后，充当了间谍的角色。他往返于河南夏都与山东商国之间前后5次，为的是侦察夏朝的虚实，向汤汇报。

为了扫清夏桀的外围，汤根据了解到的情况借机把和夏桀关系很好的葛国给灭了。此后又灭了韦、顾、昆吾等与桀关系密切的小国，并停止向夏朝进贡。由于汤施行仁政，所以在汤实施攻伐时出现了一个奇怪的现象：汤打到哪儿，哪里的百姓就高兴；而没有攻到的地方的百姓就抱怨："怎么还没打到我们这儿呀？"夏桀怒不可遏，召集诸侯于有仍（今山东济宁），会盟攻汤，可是诸侯们对他的话充耳不闻。

公元前1600年的一天，伊尹见时机已成熟，于是帮着汤率领72辆战车及6000人誓师西征，在鸣条（今河南封丘东）与桀的军队大战。

战斗进展得极快，夏桀众叛亲离，他的军队很快就土崩瓦解了。

夏桀和妹喜逃到南巢（今安徽寿县东南），被追上来的商军捉住，囚于南巢之亭山，三年后去世。临死时，夏桀还死不醒悟。他说："我后悔没有在夏台将汤杀掉，以致有今日。"这个昏庸残暴的独夫，至死也没有明白施行仁政、选贤任能的道理。

□故事感悟

作为一位雄心壮志的政治家，商汤没有因为伊尹出身低贱就无视他，而是礼贤下士，破格重用他，体现了一位伟大君主的胸怀和气概。伊尹不负众望，全心全意辅佐商汤，终于推翻了夏朝。他们两人共同开创了一个新的时代，为后人留下了一段"君明臣贤"的佳话。

■史海撷英

商汤"网开三面"

据《史记·殷本纪》记载，汤做部落首领时，为人十分仁慈。一次，汤外出时，看见一个人正在树林里张开四面大网，准备捕鸟。那人将网布设好后，还向上天拜了几拜，祈祷说："凡是从四面八方来的鸟，都飞到我的网里来吧！"汤见此情景，忙走上前对那人说："你怎么可以这样赶尽杀绝呢？赶快撤掉三面网，留下一面网就可以了。"说完，汤就让那人撤掉网的三面，只留下一面。然后他也朝上天拜了几拜，祈祷说："鸟儿啊，你们愿意往左边飞走的，就从左边飞走吧！愿意从右边飞走的，就从右边飞走吧！如果不愿意飞走，那就进入我的网里吧！"汤网开三面恩及禽兽的事传开后，老百姓都称赞他宽厚仁慈。四方诸侯听说这件事后，也纷纷赞叹说："汤真是个仁德的君主，他对飞禽都如此仁慈，对百姓肯定就更加仁爱了。"于是他们都衷心拥护汤，使得汤的势力一步步扩大了。

■文苑拾萃

汤 誓

王曰："格尔众庶，悉听朕言。非台小子敢行称乱！有夏多罪，天命殛之。今尔有众，汝曰：'我后不恤我众，舍我穑事，而割正夏？'予惟闻汝众言，夏氏有罪，予畏上帝，不敢不正。今汝其曰：'夏罪其如台？'夏王率遏众力，率割夏邑。有众率怠弗协，曰：'时日曷丧？予及汝皆亡。'夏德若兹，今朕必往。"

"尔尚辅予一人，致天之罚，予其大赉汝！尔无不信，朕不食言。尔不从誓言，予则孥戮汝，罔有攸赦。"

译文：

商汤说："来吧，诸位，你们都要听我的话，不是我年轻人大胆发动战争，是因为夏王犯了许多罪行，所以，上天才命令我前去讨伐它！现在，你们大家常说：'我们的国王太不体贴了，把我们种庄稼的事儿都舍弃了，却去征讨夏王。'我听到了你们说的这些话，但夏桀犯了许多罪行，我怕上天发怒，不敢不讨伐夏国！现在你们对我说：'夏桀的罪行究竟怎么样呢？'夏桀一直要人民负担沉重的劳役，人民的力量都用完了，他还在残酷地剥削压迫人民，人民对夏桀的统治非常不满，大家都怠于奉上，甚至说：'夏桀这个太阳什么时候灭亡呢？我要与他一起去死！'夏桀的德行已经坏到这种程度，现在我下决心要去讨伐他！"

"你们只要辅助我，奉行上天的命令讨伐夏国，我就要加倍地赏赐你们。你们不要不相信，我是决不会失信的！假若你们不听从我的话，我就要惩罚你们，让你们当奴隶，决不宽恕！"

武丁托梦聘傅说

武丁（？—前1192），姓子，名昭。是商朝第22位国王，庙号为高宗。他是商王盘庚的侄子，父亲是商王小乙。年幼时，武丁曾在外行役，与"小人"一起劳作，因而较了解"稼穑之艰难"。武丁在位时期，曾攻打鬼方，并任用贤臣傅说为相，妻子妇好为将军，商朝再度强盛，史称"武丁中兴"。

武丁是商朝的第22位国王。他从小就被父亲放到平民中生活，与平民的孩子一起干活、玩耍，学会了许多农活，养成了勤劳简朴的生活习惯。

有一个叫傅说的奴隶，特别能吃苦耐劳，聪明而又学识渊博，经常给奴隶们讲各种知识和道理，博得了大家的喜爱。傅说比武丁大20多岁，他见武丁没有一点儿贵族的架子，待人和气有礼，就非常喜欢他，把自己知道的事都讲给武丁，使武丁的视野更加开阔。所以在武丁的眼里，傅说一直是一个良师益友。

后来，武丁做了商王。他一心想成为一个贤明的君主，便放心大胆地让大臣们处理朝政，不专权，不武断，潜心钻研治国的良策。他深知用人的重要，于是就多方物色贤人。

这天，武丁忽然想到傅说。他从小就很敬佩傅说的才能，如果现在能将他召进宫来，他一定会发挥自己的聪明才智，报效国家。但又一想，他毕竟是个奴隶，要是让他做大臣，王公贵族和现在的大臣们一定不会同意的。怎么办呢？他冥思苦想，想出了一个好主意。

第二天，武丁一觉醒来，兴致勃勃地叫来仆人，说："先王刚刚托梦于我，说有个叫傅说的人可以做我的宰相，帮我治理朝政。商朝的兴盛指日可待了，你们快去给我召集大臣来。"

大臣们不敢怠慢，纷纷到来。在当时，人们特别相信占卜和征兆之术，认为武丁的这个梦是上天的旨意，所以就绝对地相信。大臣们问："大王，傅说长什么模样？请您描述一下，以便我们画成图去寻找，否则天下这么大，如何找得到？"

武丁见臣下问，就装出回忆的样子，然后说："此人好像身着布衣，40多岁，中等身材，肩宽体阔，浓眉大眼，皮肤略黑。"

大臣们开始按武丁说的去四处查找。他们根本就没想到傅说会是个奴隶，开始只在贵族中寻找。有的奸臣则将自己的亲信推荐给武丁，想从中捞取好处。武丁将来人一一端详一番，见他们一个个锦衣绣袍，肤色白嫩，根本就不像傅说那样是在室外干活的人。武丁生气地训斥了大臣一番："傅说本是身着布衣，你们不到百姓中去找，反而欺骗本王，这不是有违天命吗？再若如此就罪加三等！"

大臣们见君王动怒，就都不敢再冒名顶替，只好派特使到处打听，张贴傅说的画像。特使们几乎走遍了全国各地，最后终于在傅岩这个地方找到了正在做苦工的傅说。特使躬身施礼道："小臣尊大王之旨，前来寻找大贤人，请随我回京听命。"

傅说早已得知武丁做了国君，但他知道自己是个奴隶，根本不敢奢望能见到国君，更不敢想会得到国君的重用。现在国君有命，他只好坐着特使们的车子来到都城。

武丁见来的果然是自己敬佩已久的老朋友，心花怒放。但他还不敢表露出来，只是连连点头说："嗯，这正是先王在我梦中推荐的大贤人。快快请他去沐浴更衣。"等傅说换上官服后，武丁请他进入内殿，两人才得以畅叙离别之情。傅说谈了许多治国的方略，令武丁十分钦佩。

第二天，武丁召集各方大臣，宣布解除傅说的奴隶身份，任命他为相国。然后举行了盛大的宴会，为得到这位大贤人庆贺。

此后，傅说殚精竭虑、鞠躬尽瘁地为国操劳。仅仅三年的时间，就使商朝国富民强，盗贼绝迹，外族臣服。

■故事感悟

武丁从小生活于民众之中，所以才有机会结识民间的智谋贤才之士。登上王位后，他以极巧妙的方式寻访、重用傅说。他用心血为国家选拔了栋梁之才，赢得了国家的兴盛。

■史海撷英

杰出女性妇好

商朝的武丁通过一系列的战争将商朝的版图扩大了数倍，而为武丁带兵东征西讨的大将就是他的王后妇好。

据甲骨文记载，有一年夏天，北方边境发生战争，双方相持不下，妇好便自告奋勇，要求亲自率兵前往。武丁犹豫不决，占卜后才决定派妇好起兵，结果大获全胜。从此以后，武丁便让妇好担任统帅。妇好东征西讨，打败了周围的20多个方国。根据记载，妇好攻打羌方的时候，一次带兵的人数就有1.3万之多。也就是说，差不多全国一半以上的军队都由妇好统领。

妇好不但善于带兵打仗，还是国家的主要祭司，经常受命主持祭天、祭先祖等各类祭典，又任占卜之官。商朝是个迷信鬼神的国家，所谓"国之大事，在祀与戎"。妇好又会打仗，又掌握了祭祀与占卜的权力，可见她当时的确是一位杰出的女性。

■文苑拾萃

甲骨文

甲骨文主要指殷墟甲骨文，又称"殷墟文字""殷契"。是殷商时期刻在龟甲兽骨上的文字，也是我国已发现的古代文字中时代最早、体系较为完整的文字。

19世纪末，考古学家在殷代都城遗址（今河南安阳小屯）发现了甲骨文。甲骨文继承了陶文的造字方法，是我国商代后期（公元前14世纪—前11世纪）王室用于占卜记事而刻（或写）在龟甲和兽骨上的文字。殷商灭亡周朝兴起之后，甲骨文依然延续使用了一段时期。

目前所发现的甲骨文有大约15万片甲骨，4500多个单字。这些甲骨文所记载的内容极为丰富，涉及商代社会生活的方方面面，不仅包括政治、军事、文化、社会习俗等内容，还涉及天文、历法、医药等科学技术。是研究中国古代尤其是商代社会历史、文化、语言文字等极其珍贵的第一手资料。

从已识别的约1500个甲骨文单字来看，甲骨文已具备了"象形、会意、形声、指事、转注、假借"的造字方法，展现了中国文字的独特魅力。

周文王访贤得姜尚

　　姜尚（生卒年不详），商末周初人。字子牙，吕氏，世称"姜太公"。据《史记》记载，姜太公为东海上（今安徽临泉县姜寨镇）人。据说其祖先在舜时为"四岳"之一，曾帮助大禹治水立过功，被封在吕，姜为其族姓。姜太公是周武王克商的首席谋士、最高军事统帅与西周的开国元勋、齐国的缔造者、齐文化的创始人，亦是中国古代一位影响久远的杰出韬略家、军事家与政治家。历代典籍都公认他的历史地位，儒、道、法、兵、纵横诸家皆追他为本家人物，他被尊为"百家宗师"。

　　商朝末年，渭水流域兴起了一个国号为"周"的强国。周的祖先姓姬，历史很悠久。据说他们的远祖后稷在尧的时候担任农师，以后世世代代承袭这个职务，管理农业方面的事情。

　　夏朝末年，政治腐败，农业衰落，周的祖先就西迁到现在的甘肃东部和陕西西部一带，自己组成了部落。商朝后期，周族遭受西北方的戎族和狄族的侵扰，周族的首领古公亶父率领族人从岐山北边迁到岐山南边的周原上居住，并且在那里建筑城郭宫室，开垦荒地，设置官吏。大概从那时候起，周族逐渐形成了奴隶制国家。古公亶父的儿子季历在位时，周的势力强大起来。商王文丁感到周的威胁，就杀害了季历。

季历死后，他的儿子姬昌继位，就是有名的周文王。因为祖先做过农师，周文王也十分重视农业。他待人宽厚，对老年人很尊敬，对小孩子也很爱护，所以老百姓都很拥护他。周文王特别敬重有本领的人，请他们帮助自己治理国家，因此许多有本领的人纷纷来投奔他。

商纣王看到周的势力越来越强，非常害怕，就找个理由将周文王找来，囚禁在羑里（今河南省汤阴县西北）。周文王的臣子为了搭救文王，搜罗了美女、好马和珍宝献给纣王，并买通商朝的大臣，请他在纣王面前求情。纣王贪财好色，得到礼物和美女后，听了大臣的话，就把文王给放了。

周文王获得自由后，便决心治理好自己的国家，寻找机会推翻商朝，以报仇雪耻。他看到自己手下虽然有不少文臣武将，可是还缺少一个能够统筹全局的人，帮他筹划灭商大计。因此，他经常留心寻访这样的大贤人。

有一次，周文王外出打猎，在渭水的支流磻溪边上遇见了一位钓鱼的老人。老人须发斑白，看上去有七八十岁了。奇怪的是他一边钓鱼，一边不断地念叨："快上钩呀快上钩！愿意上钩的快来上钩！"再一看，老人钓鱼的鱼钩离水面有三尺高，并且是直的，不是弯的，上面也没有钓饵。文王看了很纳闷，就过去和老人攀谈起来。

这位老人姓姜名尚，字子牙，是远古时代炎帝的后代。他曾在商朝的首都朝歌（今河南省汤阴县）宰过牛，在黄河边上的孟津卖过酒。他不会做买卖，亏了本，所以就到渭水边上来钓鱼，其实是在等待贤明的君主来寻访他。

周文王在和姜尚的谈话中，发现他是一个眼光远大、学问渊博的人。他上通天文，下知地理，对政治、军事各方面都很有研究，特别是对当时的政治形势分析得头头是道。他认为商朝的天下不会很长久了，应当由贤明的领袖出来推翻它，建立一个新的朝廷，让老百姓都能过上好日子。

姜尚的话句句都说到了文王心里。他本来就是为了推翻商朝而寻访大贤人，这眼前的姜尚不就是自己要寻访的大贤人吗？文王恳切地对姜尚说："我盼望您很久了，请您到我们那里去，帮助我治理国家吧！"说完，就叫手下人赶过车子来，邀请姜尚和自己一同上车，回到都城里去。

姜尚到了文王那里，先被立为国师，也就是最大的武官；后来升为国相，总管全国的政治和军事。周文王的父亲太公季历在世的时候，就已经盼望着姜尚这样的贤人了，所以人们尊称姜尚为"太公望"。后来，人们干脆把"太公望"的"望"字省略掉，把姜尚叫做姜太公。

姜太公果然是个栋梁之才。他做了周文王的国相，帮助周文王整顿政治和军事，对内发展生产，使人民安居乐业；对外征服各部族，开拓疆土，削弱商朝的力量。周文王在姜尚的辅佐下，先后打败了犬戎、密须等部族，征服了耆、邘等小国，吞并了从属于商朝的崇国。他还在崇国的地盘上营建了一个丰城，把都城从岐山南边的周原迁到了丰城。到周文王晚年的时候，周朝的疆土大大扩充，西边收复了周族的老家，即现在陕西、甘肃一带地方，东北进展到现在山西的黎城附近；东边到达现在河南沁阳一带，逼近了纣王的都城朝歌；南边把势力扩充到了长江、汉水、汝水流域。据说周文王已经控制了当时天下的三分之二，为灭商奠定了坚实的基础。

然而，周文王还没有实现灭亡商朝的愿望就去世了，他的儿子姬发继承了王位，是为周武王。周武王继承父亲的遗志，尊称姜尚为师尚父。在师尚父的辅佐下，武王终于打败了没落的殷商。残暴的商纣王自焚而死，一个新的时代来临了。

■故事感悟

国家的兴盛、社会的进步需要杰出的人才。对于个人来说，只有将自己的聪明才智运用在兴国安邦的伟大事业中，人生才更有意义。在这个故事中，文王一心访贤，谦虚开明，姜尚知无不言，为国尽忠，他们共同开创了周朝辉煌的历史。我们每一个人都应从故事中受到教益，明白应该怎样做人、怎样做事。

■史海撷英

牧野之战

商周时期，周武王在姜尚等人的辅佐下，率军队直捣商都朝歌（今河南淇县），在牧野（今淇县以南卫河以北地区）大败商军，消灭了商朝。这次战役就是历史著名的牧野之战。

公元前1046年（一说前1057年）正月，周武王统率兵车300乘，虎贲3000人，甲士4.5万人，会同其他反商力量，浩浩荡荡地东进伐商。商纣王闻讯后，仓促部署防御，武装大批奴隶，开赴牧野迎战周师。然而，商军中的奴隶和战俘都心向武王，因此纷纷起义，"皆倒兵以战，以开武王"。武王乘势以"大卒（主力）冲驰帝纣师"，大败敌军。纣王见大势尽去，于当天晚上仓惶逃回朝歌，登上鹿台自焚而死。周军遂攻占朝歌，商朝灭亡。

姜太公祠

姜太公祠位于山东省临淄永流镇张家庄的太公衣冠冢北侧。公元前11世纪，姜太公被封于齐，为齐国的第一代国君。他在任期间，"通商工之业，便渔盐之利，人民多归齐，齐为大国"。姜太公死后葬于周，齐人思其德，葬衣冠于此。衣冠冢墓高28米，南北长50米，东西宽55米。1993年，临淄区在太公衣冠冢北侧建姜太公祠，主殿两厢有歇山式挂廊配殿，主殿面阔五楹，东西配殿各三楹，现为名人书画展厅。

进门所见的"姜太公祠"四个大字，是我国著名书法家、全国宗教协会会长赵朴初老先生题写的。大门的两侧有两座威武的大将雕像，即青龙、白虎两位星君。

周公尽力辅成王

周公（生卒年不详），姓姬，名旦，亦称叔旦。周文王的第四子，周武王的同母弟。因采邑在周，称为周公。周公是西周时期的政治家、军事家、思想家，被尊为"元圣"。相传他制礼作乐，建立典章制度。其言论见于《尚书》诸篇，被尊为儒学奠基人，是孔子最崇敬的古代圣人。《论语》曾记载："子曰：'甚矣吾衰也！久矣吾不复梦见周公。'"

"周公吐哺，天下归心。"曹操《短歌行》里的这两句话表达了他对周公这位古代圣贤的景仰之情。

周公在少年时代就以仁孝闻名，上上下下都很喜欢他。文王死后，武王继位，周公辅佐武王灭了商朝，建立了周朝。

武王登上王位之后，为了加强对全国的统治，进行了大规模的分封，把同姓贵族、异姓贵族以及商的后裔分封为大小不同的诸侯。周公受封在鲁（今山东西南），都城在曲阜，但武王仍需周公在身边辅政。因此，周公的儿子伯禽便代替父亲为鲁君，而周公则留在武王身边帮助武王治理国家。

周公深知父亲文王、胞兄武王礼贤下士的美德，所以在辅佐武王期间，十分谦虚恭谨，礼遇贤士。

武王在灭商后的第二年就病死了。武王的儿子诵继位，是为成王。当时成王年龄小，尚不能独立执政，加上周朝刚刚平定天下，周公恐怕诸侯叛乱，就代成王摄理国事，主持政务。

周公执政真可谓竭尽忠诚，鞠躬尽瘁。当时天下初定，百废待兴，该做的事情非常多；再加上周公礼贤的美名早已远播，所以大家有什么事都来找周公。有反映问题的，有出谋划策的，上至大臣，下至百姓，络绎不绝。周公府前常常是车水马龙，门庭若市。而周公呢，不管多么忙，对来访者从不怠慢。无论是正在休息，还是正在吃饭，他都马上停下自己的事，出门接待宾客。

一天，周公要洗头发，刚把头发放到水里，就有近侍报告："外面有客人求见，说是来反映诸侯国的情况。"

周公急忙说："快快有请，我马上就来。"于是他把头发从水中提起来，擦了擦就盘到头上去迎接客人。客人向他介绍了东方诸侯国的政治、经济、文化等各方面的情况，为周公治理诸侯国提供了可靠的信息。

周公送走了客人就立即将一些重要的情况记录下来，记完以后才想起头发还没洗完呢，于是又重新把头发解开放到水里。刚洗了一会儿，又听到仆人来报："又有人求见，说是有关于治国的建议，您见不见？"

周公毫不犹豫地说："见！见！有请！有请！"他又把头发提起来，擦了擦水，去见客人。来人向周公阐述了音乐在移风易俗方面的作用，建议广泛搜集各地民歌，以了解民情，发展文化，使周公深受启发。在和客人的交谈中，头发上的水珠不断地流到他的脸颊上，他不时用手去擦。客人见周公如此繁忙，也不忍心长谈，几次提出告辞，可周公硬是叫他将想说的话都说完，才送客人离去。

因为天气寒冷，没擦干的湿头发一会儿工夫就变得冰凉。周公这才想起头发还没洗完，就又去洗头。不多时，又听仆人报告："有一个说是从发洪水的地方远道而来的客人求见，正在客厅等候。"

周公只好再一次中断洗头，出来听取客人的意见。

与洗发中断三次相类似的还有"一饭三吐哺"的故事。

周公很少能按时吃顿饭。有一次，他正在吃饭，刚刚吃上几口，就有仆人报告："有个从西戎来的人说有要事求见。"

周公连忙将刚放到嘴里的肉吐回碗里，匆匆地去见客人。两人交谈了好长时间，等到客人走后，周公才觉得自己的肚子咕咕地叫。等回到饭桌前，饭菜都已凉透了，仆人们只好为他重新加热一遍。

"又有客人在外面恭候。"仆人又来报告，周公只好又吐出刚放进嘴里的肉块去见来人。就这样，他一顿饭也要被多次打断。饭菜反复加热，原有的香味也荡然无存了。有时他对谈论的话题着了迷，还会忘记了吃饭。

周公广开言路，采纳了许多好建议，尽心尽力辅佐成王。不仅如此，他还告诫自己的儿子，在鲁国要谨慎从政，不要以为自己是国君，就轻视下面的人。

后来，周公的弟弟管叔和蔡叔怀疑他别有所图，便会同纣王的儿子武庚作乱，背叛了周室。周公奉成王之命讨伐他们，诛杀了武庚、管叔，放逐了蔡叔，并灭掉了随同叛乱的东方诸国。

周公代行王权7年之后，成王已能独立执政后，周公便把政权交给了成王。之后，他便以大臣的身份，和普通大臣一样出入朝中，从不居功自傲。

周公成了历代贤相的楷模，对后世影响很大。

■故事感悟

　　周公虽为王公贵戚、国家重臣，但他从不居功自傲。为了国家的兴盛和长治久安，他殚精竭虑为国操劳，尊重一切贤能之士，广泛听取他们的意见，终于换来了周朝的兴盛，他本人也因此而备受后人敬仰。

■史海撷英

周公教子

　　周公虽总揽朝政，地位尊贵，但他从不居功自傲。有一次，他对将要袭其爵到鲁国封地居住的儿子伯禽说："我是文王之子、武王之弟、成王之叔父，论身份地位，在国中是很高的了。但是我时刻注意勤奋俭朴，谦诚待士，唯恐失去天下的贤人。你到鲁国去，千万不要骄狂无忌。"

秦昭王诚心拜范雎

秦昭王（公元前325—前251），战国时秦国国君，又称秦昭襄王。秦昭王嬴姓，名则，一名稷，是秦惠文王之子，秦武王之异母弟。公元前306年至前251年在位。秦昭王手下的名臣有张仪、白起等。在位时，秦国继续扩张。最著名的决定秦赵两国命运的长平之战，就是秦昭王在位晚期发生的，使秦国奠定了未来一统天下的基础。

战国时代，秦国秦昭王即位时年幼，他的母亲宣太后等人执政。秦昭王长大成人后，这几个人还不肯放弃手中的权力，继续把持朝政。秦昭王不能容忍大权旁落，他求贤若渴，希望找到可靠的人才来辅佐自己。

范雎是魏国人，在魏国大夫须贾手下当僚属。有一次，范雎随须贾出使齐国。齐王拒绝接见须贾，见范雎有辩才，就赐给他一些礼物。须贾怀疑范雎出卖了魏国的情报，里通外国，就报告了宰相魏齐。魏齐让手下人鞭打范雎，范雎被打断了肋骨，打掉了牙齿。他佯装已死，才逃了出去，改名为张禄。

这时，正好秦昭王派一个名叫王稽的心腹到魏国来招纳贤士，见到范雎后，约定一同西行到秦国去。

王稽到了秦国，向秦昭王报告，说有一位贤士声称"秦王之国危如累卵"。秦昭王以为又是不学无术、危言耸听的辩士，就让人安排范雎住进普通客房，供应粗劣的饭菜。

范雎写了一封信给秦昭王，要求面见，并表示："若一语无效，甘受斧钺之刑。"秦昭王立即让王稽派专车去接范雎。

范雎进了离宫，一直往里闯，被宦者拦住。恰好这时秦昭王也到了这里，宫中的宦者高声喝道："大王驾到。"范雎故意说："秦国哪有什么大王？秦国只有太后和穰侯。"秦昭王听范雎一句话点到自己的痛处，马上恭谨有礼地说："我太糊涂了，怠慢了先生。"

原来穰侯名叫魏冉，是宣太后的同母异父弟。他主持了秦昭王的登基仪式，很有权势。他的封地在定陶，比秦王还富有，却还一心扩大自己的地盘，置秦国的利益于不顾。

秦昭王屏退左右，只留范雎一人，相对而坐。秦昭王欠起身子问范雎："先生有什么高见赐教寡人？"范雎只是"嗯嗯"了两声。秦昭王又欠起身子问范雎："先生有什么高见赐教寡人？"范雎还是不肯直言。秦昭王说："先生是不是总也不肯赐教寡人呢？"范雎说："微臣不敢。我是个外邦之臣，和大王没有深交。而我要说的又涉及纠正大王的过失，不知大王是否真心。大王上畏太后的威风，下惑于奸臣的蒙蔽，我的意见不被采纳，我被处死，倒不可怕，只怕大王身陷孤危，秦国宗庙倾覆。"秦昭王说："无论你说什么事，上及太后，下至大臣，都可以，请不要怀疑我的诚心。"

于是范雎指出："秦国闭关15年，不敢出兵东方，是由于穰侯为秦谋而不忠，为扩大自己的地盘，越过韩魏而远攻齐国。打胜了，不能占领，让别人拣了便宜。这是把武器借给敌寇、把粮食送给强盗的愚蠢做法。不如远交近攻，先拿下韩、魏两国。"

秦昭王采用范雎的策略，取得了巨大成功。

过了几年，范雎又向秦昭王指出宣太后、穰侯等人擅权的危害。秦昭王废了太后，驱逐穰侯、华阳君、高陵君、泾阳君到关外去，拜范雎为相。

■故事感悟

秦昭王求贤若渴的一片诚心换来了治国安邦的制胜良策。这样一来，秦国能称霸于诸侯，在战争中屡屡获胜也成为必然的事情了。由此可见，得人才即得天下的道理真是千古不变啊！

■史海撷英

秦削齐弱楚

春秋战国时期，齐国与秦国没有疆界关系，也没有直接的军事矛盾，但弱齐有利于秦的近攻策略的实行。昭王二十八年（前284年），秦改而奉行近交远攻，打击强齐，利用东方各国的矛盾，参加了燕国发动的对齐战争。燕、赵、韩、魏、秦在济西击溃齐兵，攻克齐都临淄。齐国失陷了70多座城池，几乎亡国，致使齐国从此一蹶不振，给秦以后就近击破各个邻国创造了有利的条件。

远攻之后，秦再次转向近攻，于公元前280年前后分别从水陆两路大举伐楚。楚国大败，贵州、湖北大片国土沦为秦的占领区，就连首都郢也失守了。楚顷襄王仓皇逃窜，被迫迁都于陈。秦在新占领的楚国土地上建立了黔中郡和南郡，楚国势力由此转衰，秦国弱楚战略目的最终达到。

范雎

（北宋）王安石

范雎相秦倾九州，一言立断魏齐头。
世间祸故不可忽，篑中死尸能报仇。

燕昭王高台重金求贤

　　燕昭王（公元前335—前279），战国时期燕国第39任君主。名职，燕王哙之子，太子平之弟。公元前311年至前279年在位。燕昭王本在韩国做人质，燕王哙死后，被立为王。后广招贤才，励精图治，国力大盛。

　　燕国有个大臣，名叫子之，精明能干，办事果断。燕王哙很信任他，叫他当了相国。谁知子之得寸进尺，野心勃勃，竟然想夺取燕哙的王位。他指使人对燕王说：“尧舜为什么会成为有名的帝王呢？就因为他们不把王位传给子孙，而是‘禅让’给贤人。大王已经建立了伟大的功业，如果再能把王位‘禅让’给子之，那可真能光照千秋啊。”子之不过是让人试探一下，没想到燕哙听了这话，一心想博得尧舜的美名，真的把国家大权全部交给了子之。

　　子之大权在握，就倒行逆施，胡作非为起来，把好端端的燕国搞得乱糟糟的。燕哙这时候已经成了傀儡，只能眼睁睁地看着国家衰败下去，后悔不及。不久，燕国发生内乱，齐宣王乘机派兵打了进来，于公元前314年一举灭了燕国，子之、燕王哙都死在乱军之中。

齐国的军队在燕国烧杀抢劫，无恶不作，燕国的人民不愿做亡国奴，纷纷起来反抗。他们找到燕哙的儿子职，拥戴他为国君，这就是燕昭王。正好这时候，齐宣王死了，齐国的军队在燕国到处挨打，不好退走了。

燕昭王看到国家遭到很大破坏，田园荒芜，民生凋敝，非常痛心。他即位后，亲自吊唁那些作战而死的将士，慰问那些失去父亲的孩子。他还放下君王的架子，带着丰厚的聘金到燕国贤者郭隗家去求教："齐国乘我们内乱来袭击，攻城略地，害得燕国满目疮痍。我知道现在还不能马上报仇，但是我愿意招贤纳士，共同治理好国家，将来一雪先王之耻。您看我该怎样对待贤才呢？"

郭隗说："称帝的君主，和师傅交往；称王的君主，和朋友交往；称霸的君主，和臣下交往；亡国的君主，和仆役交往。卑躬屈节地尊敬贤人，拜贤人为师，这样做，胜过自己百倍的人才就会来；在贤人前边恭恭敬敬地带路，贤人坐下休息了，然后才落座，虚心请教，这样做，胜过自己十倍的人才就会来；让贤人在前面走，自己跟在后面走，这样做，与自己水平相似的人才就会来；胳膊倚在桌子上，手里拿着拐杖，斜眼看人，用手比比划划地支使人，这样做，仆役奴婢就会来；吹胡子瞪眼，举手就打，动脚就踹，张口就骂，这样做，囚徒罪犯就会来。这是自古以来尊敬贤士、招揽人才的法则。"

燕昭王问："那么我先登门拜谁为师合适呢？"

郭隗说："我听说古代有一位君王，想得到一匹千里马，悬赏1000两黄金，可是3年也没得到千里马。这时有一个在宫中做杂役的人对君王说：'我替您去寻求千里马。'于是他带着1000两黄金出去找千里马。3个月后，找到了一匹千里马，可是马已经死了。这个人就用500两黄金买下了马头，回来向君王交差。君王大怒：'我让你买活马，你怎么花500两黄金买回一匹死马的脑袋？'这个人说：'死马还用500两黄金买下，何况活马呢？这回天下人一定会认为大王您舍得花钱买千里马了。等着吧，千里马就要来了。'不到一年，这位君王果然得到了三匹千里马。大王现在如果诚心诚意招揽贤士，就先从我郭隗开始吧！连郭隗这样的人都被奉若上宾，何况比我贤明的人呢？他们肯定会不远千里来投奔大王的。"

于是，燕昭王就给郭隗修筑了一所豪华宅院，并拜他为师。又在都城外兴建一座高台，上面放着1000两黄金，专门用来接见贤才。

这件事一传开，天下贤士都纷纷汇集到了燕国。齐国的邹衍是一位大学者，对阴阳地理很有研究。他到燕国来讲学的时候，燕昭王用双手抱着大扫帚，一步一步地后退，把道路扫干净，好让邹衍安安稳稳地迈步前行。邹衍讲学，燕昭王亲自坐在听课席上，与弟子们一同听讲。他又为邹衍修了一座碣石宫，让他住在宫中，燕昭王还多次前去拜访请教。乐毅从魏国来，本来是为魏国出使燕国，燕昭王待其如上宾，乐毅深受感动，愿为燕效力。后来，燕昭王听从乐毅的计谋，联合赵国、楚国、魏国，合谋伐齐，委任乐毅为上将军，长驱直入进攻齐国。乐毅率军接连攻克齐城70多座，并攻克了齐都临淄，齐国只剩下即墨和莒两地。燕昭王终于报了齐国乘乱袭燕这个仇。

▊故事感悟

燕昭王在危难中没有自暴自弃、不思进取，而是下决心兴国雪耻。他礼贤下士，听从郭隗建议，千金求士，终于招来众多的杰出人才，复兴了国家。这一事例再次告诉我们，人才是兴国之本。统治者只有爱才惜才，重用人才，才能实现天下大治。

乐毅辅佐燕昭王励精图治

乐毅是中山国人，本是魏国名将乐羊的后裔，后来到赵国做了官。到赵武灵王死时，他又从赵国到了魏国。当燕昭王在燕国招贤时，他便利用魏国使者的身份进入燕国，并立即受到了燕昭王的重用。

乐毅也倾全力协助燕昭王进行内政改革和整顿军队。首先，针对燕国法度弛坏、官吏营私的严重局面，乐毅建议昭王制定法律，严厉法制，加强对官吏的审查和考核；其次，他又帮助昭王确定了察能而授官的用人原则，摈弃"亲亲""贵贵"的择人传统，廓清了奸臣子由当权时拉帮结党、滥用亲信的劣迹，使燕国的吏治日趋清明。此外，他还建议昭王对那些遵守国家法度的顺民，包括身份低下的贫民和一部分奴隶，都以一定的制度予以奖励，以此来安定社会秩序，使得燕国的社会秩序大有好转。

魏文侯礼贤下士

魏文侯(公元前472—前396),姬姓,魏氏,名斯,一名都。战国时期魏国的开创者。公元前445年,魏文侯继魏桓子即位。公元前403年,韩、赵、魏被周王与各国正式承认为诸侯国,成为封建国家。

春秋战国之际,著名政治家魏文侯建立了魏国。在当时,魏国是最强的国家,这同魏文侯的贤明是分不开的。魏文侯最大的长处是礼贤下士,知人善任。他器重和尊敬品德高尚而又具有才干的人,广泛搜罗人才,虚心听取他们的意见,善于发挥他们的作用。因此,许多贤士能人都到魏国来了。

有一次,他听说有一个叫段干木的马匹交易经纪人很有政治才干,但就是不喜欢做官。他觉得这样的人在民间不能发挥作用,对国家是个损失,于是他决心请段干木出来帮他治理国家。

一天,魏文侯带着两个随从,乘车去请段干木。离段干木的家还好远时,文侯就下了车。为了不惊扰贤士,他让随从们在院外等候,自己则毕恭毕敬地走到段干木的门前,轻叩门环,自报家门。

谁知段干木一听魏文侯要见自己,非常反感,心想,国君还不是故作姿态，沽名钓誉？不见也罢！于是，段干木同家人打了个招呼，便从后门离开了。

魏文侯没想到，自己一片真情却遭到这样的冷遇，心中很生气。但转念一想，反觉得段干木不像有些人那样趋炎附势，不禁又生出几分敬意。以后每当魏文侯外出，路过段干木的住所时，总是垂首弯腰扶轼向段干木致敬。

日子一久，随从们感到非常奇怪，于是就问魏文侯："段干木只不过是一个普通的平民，您亲自去拜访他，已是对他最高的礼遇了，他反而躲着不见您。您不怪罪他也就罢了，为什么还要向他致敬呢？"

文侯非常严肃地说："段干木是一个贤能、高尚的人，他有卓越的才能但不追逐名利，这样的人，我怎能不敬重呢？"

这些话后来传到段干木的耳朵里，他很感动，心想，魏文侯和别的国君就是不一样，他来请自己确实是真心实意的，段干木不禁为自己错怪魏文侯而自责。

过了一段时间，魏文侯又去求见，这次段干木很高兴地请魏文侯进屋。但当文侯提出要请他出任相国时，他一口拒绝了。文侯反复劝说，讲了好多道理，段干木还是不答应。魏文侯心想，凡事不能强求，他不愿做官，我来请教他就是了。

一天，魏文侯登门求教来了。他恭恭敬敬地向段干木请教治国良策。段干木也不客气，把自己的看法、想法全都讲了出来，从立国之本讲到为君之道，其见地鞭辟入里。魏文侯听得入了迷，毕恭毕敬地肃立在段干木面前，认真地体会其中的道理。

段干木越讲越带劲儿，竟然忘记了时间，从上午一直讲到夕阳西下。魏文侯就站在那里聚精会神地听着，一动也不敢动，他怕打断了段干木的思路，听不到金玉良言。

就这样，魏文侯诚心地拜段干木为师，经常登门求教，学到了很多治国安邦的道理。

魏文侯礼贤下士的事很快传开了。一些博学多能的人，如政治家翟璜、李悝，军事家吴起、乐羊等，都先后来投奔魏文侯，帮助他治理国家。

当时，魏国已经建立了封建政权，但还存在不少奴隶制残余。这些东西严重阻碍着魏国的发展，魏文侯决心加以改革。他任李悝为相国，经常同他商讨国家大事，李悝也积极地提出了许多建议。

有一天，魏文侯问李悝："怎样才能招募到更多有才能的人到魏国来？"李悝没有回答，反问道："主公，您看过去传下来的世卿世禄制怎么样？"魏文侯说："弊病甚多，需要改革。可是如何改革呢？"李悝早就胸有成竹，不慌不忙地说："我们必须废除世卿世禄制。不管什么人，不管他是贵族还是平民，谁有本事有功劳，就给谁官做，给谁俸禄。有功的一定奖赏，有罪的一定处罚。对那些既无才能又无功劳而又作威作福的贵族，必须采取措施，取消他们的俸禄，用这些俸禄来招聘人才。这样，四面八方的能人贤士就会到魏国来了。"

魏文侯听了，十分高兴，叫李悝起草改革的法令，不久就在全国执行了。这项改革，剥夺了腐朽没落的奴隶主贵族的世袭特权，吸收了很多有用的人才。

接着，魏文侯又采纳了李悝的建议，在经济上进行改革。李悝实行了"尽地力"的政策，就是积极兴修水利，改进耕作方法，以充分发挥土地的潜力，增加粮食产量。同时，李悝还创立了"平籴法"：丰收年景，市面上粮价便宜，为了不使农民吃亏，国家把粮食照平价买进；遇到荒年，市面上粮价昂贵，国家仍照平价把粮食卖出。这样，不管年成好坏，粮价一直是平稳的，人民生活比过去安定，国家的赋税收入也得到了增加。

魏文侯谦虚谨慎，礼贤下士，终于换来了国家的繁荣兴盛。

■故事感悟

魏文侯为得到治国安邦之策，虚心向贤士求教，他的谦逊之德、爱才之心也最终为他赢得了无数的贤能之士。这正说明"敬人者，人恒敬之"的道理。国君礼贤下士，必然会有众多的贤士忠心为国。

■史海撷英

三家分晋

三家分晋是指春秋末年晋国被韩、赵、魏三家瓜分的事件。周威烈王二十三年（公元前403年），周威烈王封三家为诸侯。司马光的编年体史书《资治通鉴》就是从这一事件开始的："周威烈王二十三年，初命晋大夫魏斯、赵籍、韩虔为诸侯。"公元前376年，韩、赵、魏三国废晋静公，将晋王室剩余的土地全部瓜分。因此，韩、赵、魏三国又被合称为"三晋"。

三家分晋是历史上具有划时代意义的重大事件，它是中国奴隶社会瓦解、封建社会确定的标志。

■文苑拾萃

魏文侯

（宋）徐钧

闻道西河久服从，陶成国治蔼文风。
政缘余泽沾洙泗，比似群侯故不同。

魏惠王诚邀天下贤才

魏惠王（公元前400—前319），姬姓，魏氏，名莹（《战国策》作"婴"）。魏武侯之子，魏国第三代国君。公元前369年至前319年在位。即位初，魏惠王以公孙痤为相，一度攻破秦孝公于栎阳，秦退回雍城。魏惠王六年（公元前364年），把都城从安邑（今山西夏县西北禹王村）迁至大梁（今河南开封东南），因此又被称为梁惠王。在位中期信任庞涓，军事实力大增，但在随后齐、魏之间发生的桂陵之战、马陵之战中，庞涓两度为齐军孙膑所败。庞涓死后，魏国彻底衰落。

　　魏国到了惠王时，国势一度衰弱，军事上也连连失利。魏惠王心里很着急，这到底是为什么呢？他进行了深刻的反省。他想到了在齐国的孙膑和在秦国的商鞅如今都表现出了非凡的才能，可他们先前都曾在魏国待过，自己当时为什么就没有重用他们呢？魏惠王为人才的流失痛心、后悔不已。他决心广求贤士，重用人才，重振国威。

　　于是，魏国大臣们奔走于各国，用最谦卑的态度、最优厚的待遇，诚恳邀请天下贤才到魏国来。如邹衍、孟轲等人就是这样被请来的。

当时有个叫淳于髡的人在齐国做官，此人精通文韬武略，是个了不起的人才。魏惠王多次派人去请他，都没有请来。

"不管多么困难，都要把他请来，至少要请他来做客。"魏惠王命令道。

魏国的大臣们费尽了周折，淳于髡才终于同意来做客。魏惠王非常高兴，立即设宴款待。魏惠王及大臣们殷勤劝酒，可淳于髡只是吃菜喝酒，并不说话。魏惠王向他请教问题，他也只是嘻嘻哈哈，并不作正面回答。

饭后，魏惠王亲自送淳于髡先生到馆舍休息。回来的路上，魏惠王不免有点沉不住气，对大臣们说："你们好不容易把他请来，我本想好好向他请教，可他却不回答，怎么办呢？"

一位大臣说："大王别着急，您还记得吧，淳于髡先生以前是个隐士，曾两次求见大王，凑巧两次都碰上您在接受礼物而怠慢了他，他肯定认为您不珍惜人才。虽然今天您把他请来做客，但他对大王的心思并不十分了解。他是有意在考验您呢，看您是否真的求贤若渴。"

魏惠王这才恍然大悟。

第二天，魏惠王又把淳于髡先生请到府上，诚恳地道歉说："寡人曾两次失敬于先生，这真是寡人的大错啊！第一次您来，正赶上有人进献好马，第二次又遇上有人送来一名善于弹琴唱歌的乐工。当时我虽然接见了您，但心思都在马匹和乐工身上，没顾上向您讨教治理国家的方略。我把声色享乐看得比治国安邦还重要，我真糊涂啊！我冷淡了先生，请先生多多原谅！"

淳于髡见魏惠王态度诚恳谦恭，很受感动，觉得谈论治国之道的时机已经成熟，便坐下来与魏惠王倾心交谈起来。淳于髡对魏国的政治、军事等方面的情况作了极为中肯的分析，并讲述了治理国家的道理和方法。他们一直谈了三天三夜，魏惠王深受启发，一再对淳于髡先生表示谢意。

虽然淳于髡最终还是没有到魏国做官，但是魏惠王敬贤、礼贤、爱贤的名声却传了出去。后来，一些有才能的人纷纷慕名前去投奔魏国。

■故事感悟

作为一位历史人物，魏惠王自然也有缺点，曾因贪图享乐而冷落了贤士淳于髡。但他从谏如流，知错能改，放下身架，诚心诚意向淳于髡致歉、求教，终于得到了治国良策，并招来了不少人才。可见知错能改，虚心向贤士求教，就一定能获得真知，取得进步。

■史海撷英

桂陵之战

公元前354年，魏惠王派大将庞涓率精兵8万进攻赵国，包围了赵国的都城邯郸（今河北邯郸）。赵国苦战一年，眼看就要撑不住了，急忙向盟国齐国求救。于是，齐威王命田忌为主将，孙膑为军师，率兵8万去救援赵国。孙膑向田忌提出了"围魏救赵"的计划，田忌欣然接受。于是，齐军便向魏国国都大梁进军，切断了魏国军队的交通要道，攻击它防备空虚的地方。大梁是魏国的政治、经济、文化中心，魏军不得不以少数兵力驻守邯郸，将主力军调回大梁。这时，齐军在桂陵埋伏，迎击魏军。由于长期作战，魏军兵力消耗巨大，疲惫不堪，因此面对占有先机之利的齐军的偷袭顿时陷入了被动挨打的困境，结果也遭受了一次严重的失败。这次战役，史称"桂陵之战"。

题淳于髡墓

（唐）刘禹锡

生为齐赘婿，死作楚先贤。
应以客卿葬，故临官道边。
寓言本多兴，放意能合权。
我有一石酒，置君坟树前。

信陵君不拘一格选贤能

信陵君(？—前243)，姬姓，魏氏，名无忌。战国时代魏国人，魏昭王的儿子，魏安釐王同父异母的弟弟。信陵君是著名的政治家、军事家，官至魏国上将军。与赵国平原君赵胜、齐国孟尝君田文、楚国春申君黄歇合称为"战国四公子"。

一天，在魏国王宫里，魏王正与弟弟信陵君下棋。魏王问弟弟："近来又收罗了多少门客？"信陵君告诉魏王："门客已有3000人。近来听说都城大梁(今河南开封市)有个守城门的小吏侯嬴颇有能耐，我正想登门拜访。"听了信陵君的话，魏王暗自发笑，连个守门小吏也能当门客？

这时，忽然有个士卒进来报告说赵国出兵来犯，马上就要侵入国境了。魏王闻讯脸色骤变，手上的棋子掉入棋盘，急忙吩咐："快去召集大臣们过来商量对策！"士卒刚要起身，信陵君一边看着棋盘，一边用手制止道："慢！大王，这是赵王在打猎，我的门人已探到确切消息，您尽可放心下棋！"

开始魏王有所怀疑，后来又有一个士卒进宫报告，证实了信陵君的话。魏王这才松了口气，至此他才确信信陵君的门下真有能人。

守门小吏侯赢的寒舍里，70多岁的侯赢正在与人闲聊，忽听门外有马车到来。他抬头朝窗外望去，发现是信陵君的马车，忙穿上鞋迎出门。

信陵君走下马车，他看见拱手俯首的侯赢，忙迎上前道："贤士免礼！"侯赢疑惑地看着笑容满面的信陵君，不明白他为何光临自己的寒舍。信陵君见侯赢不起，亦马上还礼："贤士不起，公子赔罪！"侯赢才忙起身扶起他道："公子折杀老夫了！"

信陵君吩咐士卒搬下一匹匹绫罗绸缎往屋里送，侯赢忙上前阻止，坚决不肯接受。信陵君见侯赢不肯收下，笑道："贤士拒不受此薄礼，我也不勉强了，改日请贤士府上小酌如何？"侯赢答应了。望着渐渐远去的豪华马车，侯赢感叹道："求万贯家财不易，求一知己者更难啊！"

一日，信陵君府上热闹非凡，公子兴致勃勃地拱手笑迎前来的各位嘉宾。待客人们坐定后，信陵君发现离自己最近的座位空着，他忙招呼管家："侯赢未到，派人请过没有？"管家说："请过了，侯赢推说没空。"信陵君忙吩咐备车，他要亲自去请。

信陵君到侯赢家门前后，侯赢笑着走出家门，稍稍整理一下自己那破旧的衣帽，说："让公子亲自来请，老夫惭愧啊！"话虽这样说，但他竟毫不谦让地上车坐下。

信陵君十分恭敬地拉着缰绳，待侯赢坐定后问："贤士还有别的事情吗？"侯赢毫不客气地说："老夫有个朋友朱亥在屠宰坊，希望委屈您的马车路过那里，让老夫拜访他一下。"

到了屠宰坊，侯赢竟让信陵君在马车上在门外候着，他把朱亥叫了出来，两个人就滔滔不绝地谈了起来。交谈中，侯赢不时用眼睛的余光窥探着信陵君。这时信陵君正和随从们站在马车旁边，等着侯赢。侯赢和朱亥聊了好长时间，随从们都暗地里骂侯嬴不识抬举。侯嬴见信陵君一直恭敬地站在那里，脸上毫无怨色，这才辞别了朱亥，重新上车，来到宴会上。宾客满盈的宴会上，管家不停地向各位打招呼，说信陵君快来了。有将士颇为不满，认为区区一个守门小吏，竟也如此劳驾信陵君？众人正在议论时，信陵君回来了。

信陵君微笑着向各位宾客们抱拳施礼，然后请侯嬴坐到上座，并向众宾客介绍说："这位是我们中年纪最长、德行最高的人。今天我特地为他摆酒设宴，以表达我对他的敬意！"说完亲自为侯嬴斟酒。侯嬴一改刚才傲慢的神态，起身举杯，十分恭敬地说："我今天的所作所为是有些过分和无礼，但我这一切都是为了公子您。我只是一个小小的守门人，在宾客都已到齐的时候，在大庭广众面前，按公子的身份是不应该去亲自迎接我的；而我又故意让您在街头长时间地等候。我这是为了保全您的名声，让人们都认为我是个不识抬举的小人，而您却是礼贤下士的真正君子。这正是我的用心。"说完与信陵君碰杯，仰脖一饮而尽。

从此以后，侯嬴成了信陵君的座上客，信陵君有事总是先请教侯嬴；侯嬴也总是尽心竭力地为公子着想，为他出谋划策。

不久，秦赵两国发生了战争，秦军直逼赵都邯郸城下。赵国与魏国是姻亲，在赵国的请求下，魏王派将军晋鄙率10万大军前去解围。秦王写了一封信给魏王，威胁道："诸侯国中有敢来救赵国的，寡人平定赵国后一定先移兵攻打它！"

魏王见信脸色骤变，汗如雨下，立刻派人叫晋将军停止前进。

眼看赵国危在旦夕，信陵君一筹莫展，便决心以死相拼，率领几十辆战车出发了。路过侯嬴家时，信陵君与侯嬴道别，谁知侯嬴在这生离死别当口却态度冷漠。信陵君觉得蹊跷，走了一段又折回想问个究竟。

信陵君回来时，早就等候在路边的侯嬴说："我料定公子会回来的！"气喘吁吁的信陵君不解地问："贤士何以见得？"侯嬴解释道："公子仁义待士，天下闻名。今日您下了与秦军决一死战的决心，区区几十辆战车就好比拿肉去喂虎。早知如此，当初又何必厚养天下贤士能人呢？公子厚待我，临别时我却冷淡公子，与理不通，与情不合，所以公子定会回来问个明白！"

信陵君听后顿悟，走下战车向侯嬴深深一拜："知我者莫如贤士，救我者只有贤士也！"侯嬴于是献上一计："要想调动晋鄙的10万大军，必须得有兵符。而兵符就放在魏王的寝宫内，可以让最受魏王宠爱的如姬偷出来。"信陵君问："这种掉脑袋的事如姬肯干吗？"侯嬴提醒说："公子忘了？当初如姬的父亲被人杀了，魏王三年未找到仇人，还不是公子替如姬报了仇吗？此事她一定肯做。"

信陵君通过如姬果然拿到了兵符，他再次与侯嬴道别。侯嬴问公子："将在外，君命有所不受。万一晋鄙不肯交出兵权，您打算怎么办？"信陵君一愣，答不出来。

侯嬴回头招呼朱亥出来见公子。侯嬴说："晋鄙能痛快交出兵权最好，否则就让朱亥用铁锤去对付他。"

信陵君率几十辆战车驶进晋鄙军营，拿出兵符，要取代晋鄙的军权。晋鄙迟疑不肯交权，站在信陵君身后的朱亥立刻上前，用袖子中藏的铁锤将他击死。

信陵君指挥魏军急赴赵国，与赵军联合抗击秦军，秦军大败，赵国保住了。

□ 故事感悟

信陵君礼贤下士的美名在历史上极为有名。只要是有才能的人，不论对方地位如何卑下，他都能恭敬相待。正因为如此，他的门下聚集了无数智勇之士。在"窃符救赵"这一事件中，侯嬴的运筹帷幄、朱亥的英勇果敢也起了关键作用。信陵君的故事充分说明了不拘一格、选贤任能的重要意义。

■史海撷英

信陵君大败秦军

信陵君"窃符救赵"后，滞留在赵国10年。公元前247年，恢复了元气的秦国开始大举进攻魏国。魏安釐王为此焦虑不安，便派使者去赵国请信陵君回国。

在毛公和薛公的劝谕下，起初犹豫不决的信陵君最终决定回到魏国。信陵君和魏安釐王兄弟两人十年未见，重逢时不禁相对落泪。魏安釐王任命信陵君为上将军，成为魏国军队的最高统帅。不久后，信陵君便派使者向各个诸侯国求援。各国得知信陵君担任上将军，都纷纷表示愿意派兵救魏。最终，信陵君率领5个诸侯国的联军在黄河以南大败秦军，秦国将领蒙骜战败而逃。联军乘胜攻至函谷关，秦军紧闭关门，不敢再出关迎战。

■文苑拾萃

信陵君

（宋）徐钧

侯朱决计全危赵，毛薛谋归保大梁。
得士信知明效速，去留果是国存亡。

孟尝君恭敬得奇才

冯谖（生卒年不详），战国时齐人。齐国贵族孟尝君门下的食客之一，是战国时期一位高瞻远瞩、颇具深远眼光的战略家。孟尝君以"好客养士""好善乐施"而名闻天下。他对待门客，不惜"舍业厚遇之"，因而"倾天下之士"，门下食客达3000余人。冯谖是其中的佼佼者。

齐国的孟尝君以"好客养士""好善乐施"而名闻天下。他对待自己的门客不惜"舍业厚遇之"，因而"倾天下之士"，门下的食客达3000余人。

当时，冯谖因为穷困潦倒，无以维持生计，就托人请求孟尝君，表示愿意到他的门下寄居为食客。孟尝君问他有什么爱好，他回答说没有什么爱好；又问他有什么才能，回答说也没有什么才能。孟尝君听了后笑了笑，但还是接受了他。

孟尝君旁边的人看到孟尝君不重视冯谖，也不给他好的饭菜，只供给他粗劣的饭菜。按照孟尝君的待客惯例，门客按能力可分为三等：上等客吃饭有鱼，外出乘车；中等客吃饭有鱼，外出无车；下等客饭菜粗劣，外出自便。

一段时间后，冯谖便倚着柱子弹着自己的剑，唱道："长剑呀，我们回去吧，没有鱼吃。"要求改善对自己的待遇。左右的人把这事告诉了孟尝君，孟尝君说："给他鱼吃！"

又过了一段时间，冯谖又弹着他的剑，唱道："长剑呀，我们回去吧，没有车子坐。"左右的人都取笑他，并把这件事告诉给孟尝君，孟尝君又说："给他准备马车！"于是冯谖乘坐他的车，高举着他的剑，去拜访他的朋友，十分高兴地说："孟尝君已经把我当门客了。"

此后不久，冯谖又弹着他的剑，唱道："长剑呀，我们回去吧，没有钱财养家。"此时，左右都开始厌恶冯谖了，认为他有些贪得无厌。而孟尝君听说这件事后，得知冯谖还有个老母亲，于是就派人供其衣食。这让冯谖深受感动，决心不再向孟尝君索取，而是一心一意地等待机会为孟尝君效力。

过了一年的时间，冯谖什么话也没再说。而此时，孟尝君正在做齐国的相国，在薛地被封万户食邑。由于门下养有3000多名食客，封邑的收入不够奉养食客，于是派人到薛地放债收息以补不足。但是放债一年多了，还没收回息钱，门下食客的奉养将无着落，孟尝君就想在食客中挑选一位能为他收取息钱的人。有人推荐冯谖，于是孟尝君请来冯谖，冯谖爽快地答应了。他备好车辆，整理行装，带着契约准备去薛地收债。冯谖在辞别孟尝君时问道："收完债，买什么呢？"孟尝君回答说："看我家缺什么就买什么。"

冯谖辞别了孟尝君，驱车到了薛地，派官吏召集应该还债的人，偿付息钱，结果得息钱10万，但尚有多数债户交纳不出。冯谖便用所得息钱置酒买牛，召集能够偿还息钱和不能偿还息钱的人都来验对债券。债户到齐后，冯谖一面劝大家饮酒，从旁观察债户贫富情况，一面让大家拿出债券如前次一样验对。凡有能力偿还息钱的，当场订立还期；对无力偿还息钱的，冯谖即收回债券，并假传孟尝君的命令，为无力还款的老百姓免去了债务，一把火烧了债券。冯谖说："孟尝君贷给大家钱，是为了让无钱的人家维持生计，取利息是为了养门客。能偿还的就确定还钱日期，还不起的我们就把债券烧了。大家尽管吃喝，以后可不要辜负孟尝君的一片仁心啊。"于是，"坐者皆起，再拜""民称万岁"。这样，冯谖就在薛地百姓心中埋下了感恩于孟尝君的种子，换得民心，功德无量。

冯谖办完事后，立即赶了回来。孟尝君听到冯谖烧毁契据的消息，十分恼怒，责问他为什么要这样做。冯谖说："您有个小小的薛邑，不把那里的百姓当做自己的子女一样加以抚爱，却用商贾手段向他们敛取利息，我认为不妥。所以就假托您的旨意，把债赏赐给那些无力偿还的百姓；把那些收不回钱的债券烧掉，让百姓知道您的仁德而拥护您。这是我为您买的'义'呀！"孟尝君听后虽然心里不快，但也无可奈何，只得挥挥手说："算了吧！"

又过了一年，有人在齐泯王面前诋毁孟尝君，泯王便以"寡人不敢把先王的臣当做自己的臣"为借口罢掉了孟尝君的相位。孟尝君罢相后返回自己的封地，距离薛地尚有百里，百姓们早已扶老携幼，在路旁迎接孟尝君。孟尝君此时方知冯谖焚券买义收德的用意，感慨地对冯谖说："我今天才知道先生为我买'义'的效果啊！"

出于对孟尝君政治地位还不巩固的考虑，冯谖对孟尝君进言说"狡兔有三窟，仅得免其死耳"，并且说愿意"为君复凿二窟"。孟尝君便给他50辆车、500斤金去游说魏国。

冯谖西入大梁，对魏惠王说："齐国之所以能称雄于天下，都是孟尝君辅佐的功劳。今齐王听信谗言，把孟尝君放逐到诸侯国去了，孟尝君必然对齐王不满。孟尝君的治国谋略和才能是世人皆知的，先生若能接他来魏国，在他的辅佐下，定能使魏国国富而兵强。"惠王也久闻孟尝君的贤名，一听这话喜出望外，立即空出相位，让原来的相国做上将军，派出使节，以千斤黄金、百乘马车去聘孟尝君。魏国使者接连跑了三趟，可孟尝君坚决推辞不就。

齐王听到这个消息，君臣震恐，连忙派遣太傅带"黄金千斤、文车二驷、服剑、一封书"等物，非常隆重地向孟尝君谢罪，请孟尝君回到国都。冯谖劝孟尝君趁机索取先王的祭器，"立宗庙于薛"。等齐国的宗庙在薛地落成后，冯谖向孟尝君报告说："三窟已就，君姑高枕为乐矣。"

自从齐泯王罢免了孟尝君的相位后，孟尝君门下食客多离他而去。孟尝君恢复相位后，冯谖策马前去迎接，其他门客都未到。孟尝君感慨地对冯谖说："我一生好客，对待客人从来不敢有闪失，而他们见我被罢官却都离我而去了。今仰赖冯谖先生让我得以恢复相位，门客还有什么脸面再见我呢？我如果再见到他们，一定唾他们一脸，好好羞辱他们一番。"

冯谖听了，忙下马向孟尝君叩头。孟尝君急忙下马制止，问他是否是替其他的门客谢罪。冯谖说："不是。任何事物发展都有自身的规律，像有生命的东西一定会死亡一样，这是一种必然规律。富贵多士，贫贱寡友，这也是一种规律。赶集上市的人，清晨时都急急地赶往集市；但到日落时，人们就是经过集市，也只是甩着膀子走过去，看也不看一眼。他们不是爱好清晨，厌恶傍晚，而是因为傍晚时分希望得到的东西在那儿已经没有了。您失去相位，宾客自然都离去了，您不应该因此埋怨他们，我只希望孟尝君能够遇客如故。"

孟尝君非常感激冯谖的提醒，于是再次拜谢并接受了冯谖的建议："敬从命矣，闻先生之言，敢不奉教焉。"

冯谖有超人的智慧，极具战略眼光。他抱着对孟尝君高度负责的态度，积极为孟尝君政治地位的稳定出谋划策。孟尝君做齐国相国的几十年时间里，"无纤介之祸"，这与冯谖的精心谋划是分不开的。

■故事感悟

　　孟尝君好士，冯谖感恩，尽心尽力为孟尝君出谋划策。冯谖所做的这些事看似匪夷所思，实则深谋远虑，这说明他对人情世故洞若观火，深明事理。他焚烧债券之举固然是为孟尝君收买人心，但也在一定程度上减轻了人民负担。这种为国为民的思想行为正是我们民族传统美德的再现。

■史海撷英

鸡鸣狗盗

　　齐泯王二十五年（公元前299年），孟尝君到了秦国，不久后却被囚禁。孟尝君派人向秦昭王的宠妾求救，那个宠妾说："我希望得到孟尝君的白色狐皮裘。"殊不知，孟尝君的那件狐皮裘早已献给了昭王。他的一位善于偷东西的门客就钻入秦宫中的仓库，取出那件白色狐裘献给了这位宠妾。宠妾向昭王说情，昭王便释放了孟尝君。孟尝君获释后，立即逃离，夜半时分到了函谷关。可昭王后悔放了他，又派人追捕。按照法令，鸡叫时才能放来往客人出关。门客中有个人会学鸡叫，他一学鸡叫，附近的鸡都随着一齐叫了起来，士兵就开关放人了。出关后约莫一顿饭的工夫，秦国追兵果然到了函谷关，但已远远落在孟尝君的后面，只好无功而返。从那以后，宾客们都很佩服孟尝君广招宾客、不分人等的做法。

■文苑拾萃

读《孟尝君传》

（北宋）王安石

　　世皆称孟尝君能得士，士以故归之，而卒赖其力以脱于虎豹之秦。嗟乎！孟尝君特鸡鸣狗盗之雄耳，岂足以言得士？不然，擅齐之强，得一士焉，宜可以南面而制秦，尚何取鸡鸣狗盗之力哉？夫鸡鸣狗盗之出其门，此士之所以不至也。

　　译文：世人都称道孟尝君能够招揽士人，有才能的人因为这个缘故归附他，而孟尝君终于依靠他们的力量，从像虎豹一样凶狠的秦国逃脱出来。唉！孟尝君只不过是一群鸡鸣狗盗之辈的头目罢了，哪里说得上得到了贤士？不是这样的话，孟尝君拥有齐国强大的国力，只要得到一个贤士，齐国应当可以依靠国力南面称王控制秦国，为何还用鸡鸣狗盗之徒的力量呢？鸡鸣狗盗之徒出入他的门庭，这就是贤士不归附他的原因。

第三篇
化敌为友惜人才

刘秀真心对降将

　　刘玄（？—25年），字圣公。南阳蔡阳（今湖北枣阳县西南）人。两汉之际被绿林军拥立为皇帝，年号更始。刘玄原本是西汉皇族，祖父为苍梧太守刘利，父刘子张，母何氏。刘玄是汉朝光武帝刘秀的族兄。

　　西汉末年，王莽篡政，建立新朝。他倒行逆施，导致天下大乱，各地农民纷纷起义，讨伐王莽。

　　新朝地皇三年（22年），绿林农民军起义爆发，刘秀的族兄刘玄加入陈牧领导的平林兵。23年，绿林军诸部合兵击破新朝将领甄阜、梁丘赐，推举刘玄为更始将军。

　　因为刘玄是汉朝宗室，同年二月便被绿林军拥立为帝，建元更始。刘玄恢复汉朝国号，自称玄汉王朝。此时，刘秀在名义上还只是刘玄手下的一个将领。

　　刘玄虽然称帝，但是位子并不牢靠，不光王莽老派兵打他，他手下的将领也不全听他的。于是，刘玄想了一招——通过大封宗室来收拢人心。刘秀屡立战功，又是刘玄的族人，于是就被刘玄封为萧王。

刘秀被封为萧王时，正在跟另一草莽英雄王郎斗争。王郎本是个算命的，看到天下大乱，就拉了一帮宗室豪强，盘踞河北，定都邯郸，也自称汉帝。刘秀和王郎在河北省中南部的滹沱河、滏阳河一带展开了大战。

战争中，刘秀渐渐取得优势。24年秋，刘秀率兵攻打王郎于鄗（今河北辛集市东南），大破之，王郎的部将渠帅和不少士兵都投降了。刘秀封渠帅为列侯，但双方毕竟打了这么多年，投降的士兵并不放心，担心刘秀报复。

刘秀很快获悉这一情况，为使降将降兵放心，决定采用安抚之计。他令降将各归其本部，统领原来的兵马，而刘秀本人则不带保镖，一个人骑着马，往降兵的营区走去。

降兵一看来了个骑马的大官，都围上来看，心想这是谁啊？仔细一看，这不是打败自己的萧王吗？他怎么一个人大摇大摆地来我们这里巡查？难道不怕我们杀了他吗？

虽然大家心里都感到很疑惑，但这番举动也使他们知道了刘秀对他们是没有戒备心理的，把他们当成了自己人。这下投降的兵将都放心了。那些将领们说："萧王将自己的一颗赤心放在我们的肚子里，我们还能不忠心于他吗？"从此，这些人成了刘秀的可靠力量，为刘秀扫平群雄、重兴汉朝立下了汗马功劳。

□ **故事感悟**

刘秀针对新投降自己的人并不安心的现实情况，以自己的宽仁之德、爱才之心消除了对方的疑虑，使他们成为自己的可靠力量。这个故事告诉我们，充分的尊重和信任是获得人才、让人才发挥良好作用的必要前提。

■史海撷英

疾风知劲草

刘秀在起兵路过颍阳时，王霸曾与一群朋友去投靠。刘秀豪情盖天地说："梦想贤士，共成功业，岂有二哉！"此后，王霸便忠心耿耿地追随刘秀。刘秀在河北邯郸和王郎作战时，遭遇了重大的挫折。在危急时刻，随王霸一道投奔刘秀的人都纷纷溜走，只有王霸留在他身边。刘秀便对王霸说："颍川从我者皆逝，而子独留，始验疾风知劲草。"

■文苑拾萃

谒汉世祖庙

（唐）刘希夷

舂陵气初发，渐台首未传。
列营百万众，持国十八年。
运开朱旗后，道合赤符先。
宛城剑鸣匣，昆阳镝应弦。
犷兽血涂地，巨人声沸天。
长驱过北赵，短兵出南燕。
太守迎门外，王郎死道边。
升坛九城陌，端拱千秋年。
朝廷方雀跃，剑佩几联翩。
至德刑四海，神仪翳九泉。

宗子行旧邑，恭闻清庙篇。
君容穆而圣，臣像俨犹贤。
攒木承危柱，疏萝挂朽椽。
祠庭巢鸟啄，祭器网虫缘。
怀古江山在，惟新历数迁。
空馀今夜月，长似旧时悬。

曹操不计前嫌用宿敌

张绣（？—207年），武威祖厉（今甘肃靖远县）人。东汉末年割据宛城的军阀，汉末群雄之一。

陈琳（？—217年），字孔璋。广陵射阳（今江苏省扬州市宝应县射阳湖镇）人。东汉末年著名文学家，"建安七子"之一。

曹操生于乱世，以统一天下为己任，十分重视选拔人才。即使是那些跟自己有深切仇恨的人，只要真有才能，能为己所用，曹操也不计前嫌，予以重用。

197年春季，曹操军与地方豪强张绣发生战争。张绣不敌，率全军投降。曹操被张绣叔叔张济的遗孀吸引住，将她纳至身边。张绣很是恼火，不能忍受这种羞辱。而曹操对张绣的勇将胡车儿又特别喜爱，送给胡车儿很多金银财物。张绣得到消息，以为曹操要利用胡车儿消灭自己，惊疑恐惧。张绣秘密行动，向曹操军营发动了猛烈突袭，曹操长子曹昂以及一个侄子都被杀死。曹操被流箭射中，大败逃走。校尉典韦断后，跟张绣死战。典韦左右卫士死伤将尽，他自己身上也受伤数十处。张绣部队冲上去，准备生擒。典韦双手抓住两人，奋力搏击，瞪目怒骂，最后被杀。

曹操收集残兵败将退回舞阴。张绣遂率军追击，曹操迎战，击破了张绣军的攻势。张绣回保穰城（今河南省邓州市），又归附了荆州牧刘表。

后来，曹操进攻张绣，把张绣所在的穰城团团围住。刘表援军抵达，驻屯安众，据守险要，切断了曹操退路。曹操军腹背受敌，情势紧张，遂乘夜另行开凿险道，假装逃走，并在路上埋伏了军队。刘表及张绣率所有的部队追击，曹操军反扑，伏兵又起，步兵跟骑兵前后夹攻，大破刘表及张绣联军。

199年，张绣听从贾诩的建议，再次向曹操投降。张绣到达后，曹操丝毫不追究以前的事情。他牵着张绣的手，一起参加宴会，还让自己的儿子曹均娶了张绣的女儿，并封张绣为扬武将军。

200年，张绣参加了官渡之战，力战有功，升为破羌将军。205年，张绣跟随曹操在南皮击破袁谭，再次增加食邑，一共2000户。当时天下户口剧减，10户才留下一户，许多将领的封邑都没有达到1000户，唯独张绣特别多。

207年，张绣跟随曹操去柳城征讨乌桓，还没有到达就死了，被谥为定侯，儿子张泉继承了职位。

曹操与陈琳的故事也较为有名。在汉末动荡的形势下，陈琳避难至冀州，入袁绍幕。袁绍的军中文书，多出自陈琳之手。后来，袁绍与曹操爆发了一场大战。战前，陈琳为袁绍出师写下了著名的《为袁绍檄豫州文》。文章从曹操的祖父骂起，一直骂到曹操本人，贬斥他是古今第一"贪残虐烈无道之臣"，语言极其恶毒。曹操让手下念这篇檄文时正犯头痛病，听到要紧处不禁厉声大叫，惊出一身冷汗，头竟然不疼了。

官渡一战，袁绍大败，陈琳也被曹军俘获。曹操对那篇火力凶猛的檄文还耿耿于怀，便问陈琳："你骂我就骂我吧，为何要牵累我的祖宗三代呢？"陈琳的回答言简意赅："箭在弦上，不得不发耳！"曹操听了呵呵一笑，便不再计较。曹操不仅不追究陈琳的罪过，还任命他为自己的掌文书。后来，曹操的许多文书都出自陈琳之手。曹操的宽宏大量，也让他又获得了一位出色的人才。

■故事感悟

作为一代豪杰，曹操能以宽广的胸怀重用各种人才，甚至是与自己有刻骨仇恨的人。他的眼光和心胸非常人可比，因此在他身边也形成"猛将如云，谋士如雨"的局面。

■史海撷英

曹操治京城

灵帝熹平三年（174年），20岁的曹操被举为孝廉，入洛阳为郎。不久，他又被任命为洛阳北部尉。洛阳为东汉的都城，是皇亲贵族的聚居之地，因此很难治理。曹操刚一到职，就申明禁令、严肃法纪，造五色大棒十余根，悬挂在衙门左右，称"有犯禁者，皆棒杀之"。皇帝宠幸的宦官蹇硕的叔父蹇图违禁夜行，曹操毫不留情，用五色棒将蹇图处死。于是，"京师敛迹，无敢犯者"。但是，曹操也因此得罪了蹇硕等一些当朝的权贵。后来碍于其父曹嵩的关系，曹操明升暗降，被调到远离洛阳的顿丘（今河南清丰县），任顿丘令去了。

建安风骨

建安为汉献帝年号（196—220 年），文学史上的建安时期是指建安至魏初的一段时间。曹氏三父子是建安文坛的领导人物，其作品在反映社会动乱和民生疾苦的同时，还表现了统一天下的理想和壮志，有着鲜明的时代特色。政治理想的高扬、人生短暂的哀叹、强烈的个性、浓郁的悲剧色彩，这些特点构成了"建安风骨"这一时代风格。

与此同时，"建安七子"（孔融、陈琳、王粲、徐干、阮瑀、应场、刘桢）的作品也继承了汉乐府民歌的现实主义传统，普遍采用五言形式，以风骨遒劲而著称，并具有慷慨悲凉的阳刚之气。这也是"建安风骨"的重要组成部分。

曹氏父子都爱好文学，也喜欢招揽文士，因此在他们的周围聚集了众多名家，从而掀起了一个文学创作的高潮。

张嶷化敌为友

张嶷（194—254），字伯岐。巴西郡南充国（今四川南部县）人。张嶷先为马忠部属，拜为牙门将；诸葛亮南抚夷越之后，张嶷出任越巂太守。张嶷到任，恩信并举，"和""抚"同施，蛮夷皆服，政通人和，"邦域安穆"。254年，张嶷在越巂长期生活患了风湿病，被召回成都，"扶杖然后能起"，病情十分严重。但他仍然要求上战场，讨伐魏国，"杀身以报""后主慨然为之流涕"。张嶷在随姜维北伐时，捐躯疆场。

张嶷是三国时蜀国人，20岁时就做了县里的功曹，负责人事工作。刘备平定蜀中时，有一伙强盗来攻打县城，县令抛弃家眷逃跑了，而张嶷却冒着生命危险，救出了县令夫人，从此他的英雄事迹家喻户晓。州里长官为此召见他，并任命他为从事史。

诸葛亮平定南中之后，越巂郡一个叫叟夷的部落还是多次叛乱，曾连续杀害了当地太守，从此派往当地的太守不敢到郡上任，因而这一郡只是徒有虚名而已。后来，朝廷决议重新恢复过去的统治，就任命张嶷为越巂郡太守。

张嶷毫不畏惧，带领随从前去赴任。他为人细心谨慎，又十分大胆，处事得体，相信自己一定可以安抚当地人。到了所在地后，他知道采取强硬措施只会激起当地人的对抗情绪，于是就努力用自己的行为给百姓树立榜样，广施恩惠，处事讲求信誉，以此劝导百姓。不久后，当地少数民族各部落便十分敬重他，大多前来归附。各族人民和睦相处，出现了前所未有的安定祥和的景象。

当时，越嶲郡的北部边境上居住着一支少数民族，叫做捉马。他们个个勇猛剽悍，当地人都害怕他们；他们也因此不服从官府的法令，不时惹是生非。张嶷只好带兵前去讨伐，很快就活捉了他们的头领魏狼。为了长久的和平，张嶷又将魏狼释放了，并且当众警告了他。

张嶷的宽宏大量让魏狼十分感动，回去后开始聚集族人，决定遵守太守的法令，与其他部落和平相处。张嶷上表朝廷，请求皇上任命魏狼为县令，让他的族人大约3000余户都在那里定居下来，各司其职，安居乐业。其他部落知道后，也纷纷前来归降，表示愿服从政府领导，越嶲郡又恢复了和平安定的局面。

张嶷治理越嶲郡15年，使得那里秩序井然，百姓生活安定，一片繁荣景象。他离任时，当地各族人民舍不得让他走；送他的时候，都扶着车轮大哭，一直追随他到达蜀郡。还有100多个部落首领随他上朝拜见蜀汉君王。

□故事感悟

张嶷宽厚爱民，对于叛乱的人也努力做到以德服人，化敌为友，维护了地区稳定，促进了当地经济社会的发展。

蜀锦

蜀锦是指四川省成都市所出产的锦类丝织品。蜀锦起源于战国时期，距今已有2000多年的历史了。

蜀锦织造技艺也是我国国家级的非物质文化遗产之一。因历史悠久、工艺独特，蜀锦也有中国四大名锦之首的美誉。汉朝时期，蜀锦的织造业已十分发达，朝廷还在成都设有专管织锦的官员，因此成都被称为"锦官城"，简称"锦城"；而环绕成都的锦江，则因有众多民众在其中洗濯蜀锦而得名。

诸葛亮在治蜀时，曾大力发展当地的蜀锦制造业，出口蜀锦换来的财富也成为蜀国重要的财政来源。

■文苑拾萃

蜀道难

（唐）李白

噫吁戏，危乎高哉！
蜀道之难，难于上青天！
蚕丛及鱼凫，开国何茫然。
尔来四万八千岁，不与秦塞通人烟。
西当太白有鸟道，可以横绝峨眉巅。
地崩山摧壮士死，然后天梯石栈相钩连。
上有六龙回日之高标，下有冲波逆折之回川。
黄鹤之飞尚不得过，猿猱欲度愁攀援。
青泥何盘盘，百步九折萦岩峦。

扪参历井仰胁息，以手抚膺坐长叹。

问君西游何时还，畏途巉岩不可攀。

但见悲鸟号古木，雄飞雌从绕林间。

又闻子规啼夜月，愁空山，蜀道之难，难于上青天！

使人听此凋朱颜。

连峰去天不盈尺，枯松倒挂倚绝壁。

飞湍瀑流争喧豗，砯崖转石万壑雷。

其险也如此，嗟尔远道之人胡为乎哉！

剑阁峥嵘而崔嵬，一夫当关，万夫莫开。

所守或匪亲，化为狼与豺。

朝避猛虎，夕避长蛇，磨牙吮血，杀人如麻。

锦城虽云乐，不如早还家。

蜀道之难，难于上青天！侧身西望长咨嗟。

李世民不记仇用魏征

魏征（580—643），字玄成。巨鹿人（今河北邢台市巨鹿县人，又说河北晋州市或河北馆陶市）人。唐朝政治家。曾任谏议大夫、左光禄大夫，封郑国公。以直谏敢言著称，是中国史上最负盛名的谏臣。

唐初的"贞观之治"是人们广为称道的盛世之一，它的形成也是多种因素共同作用的结果。如果说唐太宗李世民的开明有为和知人善任是构建"贞观之治"的重要基础，那么魏征的直谏则为其提供了不可或缺的特别助力。

魏征从小父母双亡，家境贫寒，但他喜爱读书，不理家业，曾出家当过道士。隋朝末年，由于统治者的残酷压榨和无休止的对外战争，爆发了大规模的农民起义。隋大业末年，魏征被隋武阳郡（治所在今河北大名东北）丞元宝藏任为书记。元宝藏举郡归降瓦岗军李密后，魏征又被李密任为元帅府文学参军，专掌文书卷宗。在义军中，魏征想用自己的一腔热血和智慧去建功立业，但终因客观条件的限制，其文韬武略难以得到施展。

唐高祖武德元年（618年），李密失败后，魏征随其入关降唐，但很久都得不到重用。次年，魏征自请安抚河北。获准后，便乘驿驰至黎阳（今河南浚县）。不久，窦建德攻占了黎阳，魏征被俘。窦建德失败后，魏征又回到长安，被太子李建成引为东宫僚属。魏征发现太子与秦王李世民之间的冲突日益加深，便多次劝李建成应该先发制人，及早动手杀掉李世民。

玄武门之变后，李建成被诛，李世民厉声喝问作为先太子僚属的魏征："你挑拨离间我们亲兄弟的关系，是何居心？"面对殿前武士的巨斧利刃，魏征毫不畏惧，慷慨陈词："如果先太子听从我的劝告，就不会出现今天的结局。"这让人在赞叹他的忠贞耿介之心的同时，也强烈地感受到他对自己怀才不遇、壮志未酬的愤懑和遗憾。李世民因早就器重他的胆识才能，非但没有怪罪于他，还让他任谏官之职，并经常引入内廷，询问政事得失。

李世民之所以不计前嫌，重用魏征，除了看中魏征所具有的忠贞不贰、直言敢谏的品格和贯通古今的才学之外，更重要的是他心里清楚，自己刚刚登上皇位，国家也是百废待兴，如果没有一批有真才实学、敢讲真话的"左膀右臂"来支持辅佐他，他最终也会一事无成。从这个意义上来说，李世民重用魏征是顺应了时代发展的要求，为他开创千秋大业而作出的历史性选择。

魏征自从被李世民授任为谏议大夫起，在此后十几年的御前生涯中便竭诚地辅佐李世民，而且知无不言、言无不尽。他性格耿直，往往据理抗争，从不委曲求全。魏征曾先后向李世民谏陈200多次，而且多被采纳并付诸实施。

当然，也有的人嫉妒魏征的才学和地位，说他侍奉过的3个主子都先后灭亡了，借此挑拨李世民不要重用他。李世民则反驳说，那并不是魏征的错，而是因为那三人未能正确地使用魏征。

经过历史长河的冲刷和淘洗，魏征的言论和才学也愈发显示出夺人的光芒。无论是他"民惟邦本，本固邦宁"的民本思想，还是他"载舟覆舟，所宜深慎"的治国理念；无论是他"兼听则明，偏信则暗"的哲人睿思，还是他"创业难，守成尤难"的至理名言，都给后人留下了宝贵的精神财富和深刻的历史启示。

■故事感悟

李世民的爱才之心、纳谏之德无人可比。对于原属敌方阵营、曾力主杀掉自己的魏征，他并没有报复，以逞一时之快。他的爱才之心使他发现了魏征的突出才能和正直品质，然后予以重用。而魏征也能忠心为国，为"贞观之治"的出现立下了不朽功勋。君臣二人的优秀品质都值得人们赞扬和学习。

■史海撷英

"人镜"

魏征病逝家中，唐太宗亲临吊唁，痛哭失声，并说："夫以铜为镜，可以正衣冠；以古为镜，可以知兴替；以人为镜，可以明得失。朕常保此三镜，以防己过。今魏征殂逝，遂亡一镜矣。"

■文苑拾萃

谏太宗十思疏（节选）

（唐）魏征

臣闻：求木之长者，必固其根本；欲流之远者，必浚其泉源；思国之安者，必积其德义。源不深而望流之远，根不固而求木之长，德不厚而思国之安，臣虽下愚，知其不可，而况于明哲乎？人君当神器之重，居域中之大，将崇极天之峻，永保无疆之休，不念居安思危，戒奢以俭，德不处其厚，情不胜其欲，斯亦伐根以求木茂，塞源而欲流长者也。

译文：

我听说，要想使树木生长得茂盛，必须稳固它的根部，因为根深方能叶茂；要想水流潺潺，流得长远，必须疏通它的源头，源远才能流长。同样的道理，如果想使国家安定，统治稳固，就必须积聚道德和仁义，缓和与百姓间的矛盾。反之，泉源不深却要它流长，根不牢固却要树长得茂盛，德义不厚却想使国家安定，我虽然无知，也知其不可能，更何况像您这样的明君呢！作为统治天下的国君，如果不居安思危、戒奢以俭，从长远利益出发，那就等于是砍断了树根还希望树木茂盛，堵了泉源还要流水畅通啊！

岳飞爱才收服杨再兴

> 杨再兴（？—1140），南宋抗金名将。初为流寇，后成为岳家军的骨干，为岳飞破伪齐立下大功，并大破金兀术于郾城下。该战役史称"郾城大捷"。

南宋王朝初建时，北方有金兵威胁，南方则有溃兵盗匪作乱，宋高宗赵构为此大感头痛。

在南方危害最大的是湖南巨寇曹成。曹成旗下兵匪多达10余万人，他先屯兵衡山，后据攸县，抢掠了安仁县后又攻陷道州（今湖南道县），其势力甚至达于广西。曹成多次假意接受南宋政府的招安，捞够好处后又迅速反叛，赵构不得不调动抗金的精锐部队——岳家军前往威慑招安。其时，岳家军已败李成，降张用，收复江西，一连串辉煌战绩，使不可一世的曹成一听到岳家军的威名就落荒而逃。其主力也从道州转至贺州，并加固城防工事，龟缩其中。

绍兴二年（1132年）闰四月初，岳家军与曹成在贺州螺石乡太平场布防的3万贼军遭遇。双方对峙阶段，岳飞故意把抓获的曹军探子缚于军帐外，而后向部将下令，因军粮不足，拟秘密回师茶陵

（今湖南茶陵县）休整，然后又装作看守不严，使偷听了"军情"的曹军探子得以逃回太平场向曹成报告。曹成对这个情报深信不疑，下令部下好好休息，来日岳家军撤退时再追击。趁着曹军松懈，岳飞当晚率一支精兵，取道绕岭，飞兵奇袭太平场大营，曹军大乱而溃退。

曹成逃进桂岭县（今为贺州市八步区桂岭镇），在北藏岭等地重新布防。闰四月十二日，岳家军兵临北藏岭，与曹成贼军展开第二场大战。

尽管岳家军以军纪严明、英勇善战、忠于朝廷著称，但也有极少数败类混迹其中。攻下莫邪关后，岳家军第五将韩顺夫放松警惕，解掉马上的鞍鞯、脱掉身上的盔甲，掳掠当地美女陪他喝酒。不料，曹军猛将杨再兴率兵杀入韩顺夫的兵营。衣冠不整的韩顺夫不及出手，就已被杨再兴砍掉了一只胳膊，亡于帐中。杨再兴往来驰骋，如入无人之境。韩顺夫只得在兵马慌乱中放弃胜利果实，退出了刚刚到手的莫邪关。

岳飞下令副将王某必须活捉杨再兴，但也知杨再兴并非等闲之辈，又调动旗下名将张宪、王经攻打莫邪关。杨再兴果然骁勇过人，轻易击败副将王某，张宪、王经出战亦不能胜。岳飞之弟岳翻出阵，往来交战不过数个回合，竟死在杨再兴手上，以身殉职。

岳飞失去唯一的亲手足，自是悲痛不已，但他没有因此失去理智而胡乱下令，而是依然按照原定战略，沉着指挥官兵作战。只一个杨再兴当然无力回天，在岳家军奋勇进攻之下，曹军屡战屡败，死者过万。曹成只好收拾残兵，退守蓬岭。闰四月十五日，岳飞号令官兵一鼓作气、全力冲锋。占据有利地势、居高临下的曹军竟如惊弓之鸟，惊惶四散。曹成压制不住溃退的部众，只好带头逃命。岳家军乘胜追击，又于四月十六日攻入桂岭县城，夺取了曹成大寨。曹成与部分残兵败将一溜烟逃到了连州（今广东连州市）。岳家军以少胜多，大获全胜，威名所及，贼党丧胆。

杨再兴早就对逃字当头的曹成心怀不满，又见岳家军沙场奔突、精忠报国，都是神勇之师，更是心生波澜。蓬岭之战失败后，杨再兴没有跟随曹成逃往连州，而是单骑走静江。途中，伏兵突出，杨再兴坐骑惊慌，跳入山涧。他从涧中爬起，已是无处可逃。伏兵包围中，杨再兴倒没有逞凶，束手就擒。《三朝北盟会编》记载："再兴走至静江界，中官军涧中。官军欲杀之，再兴曰：'我是好汉，当执我见岳飞！'"

押送杨再兴回到贺州后，张宪力劝岳飞将杨再兴帐前斩首，以祭岳翻英灵。但岳飞胸襟广阔，以抗金大业为重，认为将才难得，乃不计个人恩怨，慨然为杨再兴松绑，连连称其为"老乡"，又赞其为"壮士"，劝其"以忠义报国"。

杨再兴大为感动，拜谢岳飞的不杀之恩、知遇之恩。从此，杨再兴便留在岳飞麾下，赤胆忠心，北上抗金，屡建奇功，成为一代名将。

绍兴十年（1140年），金太祖完颜阿骨打第四子完颜兀术率12万金兵逼近临颍（今河南漯河市临颍县），杨再兴率300骑巡逻，遇敌于小商桥。杨再兴部杀金兵2000余人及万户撒八孛堇、千户百人。可惜寡不敌众，最后全军覆没，杨再兴亦死于乱箭之下。《宋史》记载："再兴战死，后获其尸，焚之，得箭镞二升。"如此英烈，令人千年之后仍感慨不已。

■故事感悟

杨再兴虽落草为寇，却仍有一腔热血与豪气。岳飞以保国安民为己任，以惜才、爱才之心收服了杨再兴。杨再兴也不负重托，成为岳飞的左膀右臂，奋力杀敌，最终为国壮烈牺牲。岳飞的爱贤惜才之心成就了一代勇将杨再兴，近千载之后，仍令人感喟不已。

□史海撷英

郾城大捷

宋高宗绍兴十年（1140年），金朝不顾与大宋的约定，擅自撕毁和约，再次以兀术为统帅，兵分四路大举进犯。岳飞奉命坐镇郾城，指挥宋军积极抗金。

兀术得到郾城兵少的消息后，亲率1.5万精锐骑兵突袭郾城。当时岳飞手下只有背嵬军和部分游奕军，岳飞首先命令岳云率领背嵬军和游奕马军首先出城应战，他对岳云说："必胜而后返，如不用命，吾先斩汝矣。"岳云挥动两杆铁槌枪率背嵬军直贯敌阵。在岳云的骑兵打败金军的第一批骑兵后，金军后续的10万步兵也全部开入战场，岳家军与金军开始全军接战。杨再兴要活捉兀术，单骑冲阵，杀金军百余人，自身受伤几十处仍然战斗不止。

在战斗最激烈的时刻，岳飞亲自率40名骑兵突出阵前。都训练霍坚急忙上前挽住岳飞的战马，说："相公为国重臣，安危所系，奈何轻敌！"岳飞用马鞭抽在霍坚的手上，大声说"非尔所知"，便跃马驰骋到敌阵之前，左右开弓，箭无虚发。全军见状，士气大振，就连担任参谋的文官幕僚也都参加到战斗当中，并立有战功。

在相持胶着后，金军将最精锐的重甲"铁浮图"骑兵投入战斗。岳飞便令手持大斧、大刀的步兵上阵，专砍马腿。全军奋击，杀得金军尸横遍野，溃退而去。

满江红

（南宋）岳飞

怒发冲冠，凭栏处，潇潇雨歇。
抬望眼，仰天长啸，壮怀激烈。
三十功名尘与土，八千里路云和月。
莫等闲，白了少年头，空悲切。
靖康耻，犹未雪；
臣子恨，何时灭？
驾长车，踏破贺兰山阙。
壮志饥餐胡虏肉，笑谈渴饮匈奴血。
待从头，收拾旧山河，朝天阙。